经典天天读. 哲学经典

认识力

——叔本华选集

[德]叔本华◎著　[台]刘大悲◎译

哈尔滨出版社
HARBIN PUBLISHING HOUSE

黑版贸审字08-2014-085

图书在版编目（CIP）数据

认识力：叔本华选集 /（德）叔本华著；刘大悲译. —哈尔滨：哈尔滨出版社，2015.4
（经典天天读. 哲学经典）
ISBN 978-7-5484-2042-2

Ⅰ. ①认… Ⅱ. ①叔… ②刘… Ⅲ. ①叔本华，A.（1788～1860）—文集 Ⅳ. ① B516.41-53

中国版本图书馆CIP数据核字（2015）第 055020 号

书　　名：认识力——叔本华选集

作　　者：［德］叔本华　著　［台］刘大悲　译
责任编辑：陈春林　任　环
责任审校：李　战
装帧设计：回归线视觉传达

出版发行：哈尔滨出版社（Harbin Publishing House）
社　　址：哈尔滨市松北区世坤路738号9号楼　　邮编：150028
经　　销：全国新华书店
印　　刷：哈尔滨市石桥印务有限公司
网　　址：www.hrbcbs.com　　www.mifengniao.com
E-mail：hrbcbs@yeah.net
编辑版权热线：（0451）87900271　87900272
邮购热线：4006900345（0451）87900345　或登录蜜蜂鸟网站购买
销售热线：（0451）87900201　87900202　87900203

开　　本：680mm × 960mm　　1/16　　印张：16.25　　字数：130千字
版　　次：2015 年 4 月第 1 版
印　　次：2018 年 5 月第 3 次印刷
书　　号：ISBN 978-7-5484-2042-2
定　　价：32.80元

完成《作为意志和表象的世界》第一部时的叔本华（30岁）

沉思中的叔本华

叔本华的偶像 康德（1724—1804）

《叔本华著作全集》德文版的扉页

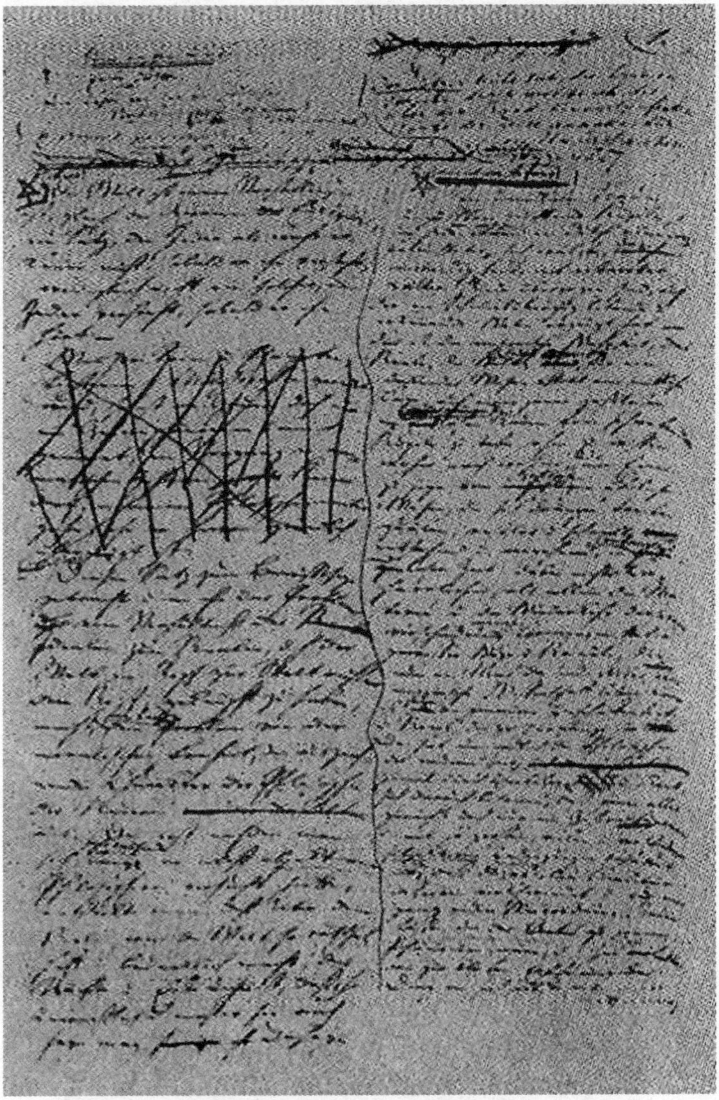

《作为意志和表象的世界》原稿之一

叔本华（1788—1860），德国悲观主义哲学家

叔本华与他的对手黑格尔（1770—1831）

德国唯意志论代表人物阿瑟·叔本华（1788—1860）

叔本华藏书票

叔本华的母亲约翰娜·叔本华（左）和他的妹妹（右）

法兰克福的叔本华故居

叔本华纪念室一角

叔本华安眠之地：法兰克福北郊的中央公墓

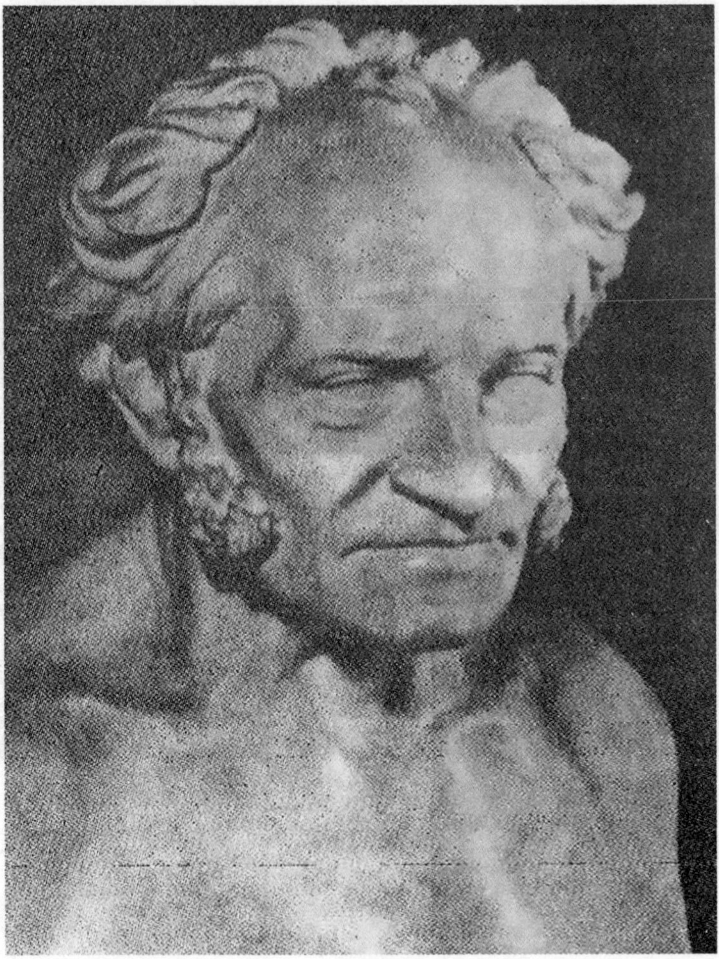

叔本华胸像

叔本华与他的卷毛狗散步素描

叔本华自画像

法兰克福的叔本华纪念碑

叔本华纪念碑台座的狮身人面像斯芬克司

目　录

叔本华的生平及哲学

想一个自己从未深入思考的问题是危险的，我们读书是别人替我们思考，我们不过是在重复作者的精神过程而已。所以一个人如果整日读书，他将逐渐失去思考能力。

——叔本华

叔本华（1788～1860）在世时，他的哲学整整沉寂了三十多年，最终，他像一个从一场长期艰苦的战争中凯旋的英雄，顿时名噪全欧，誉满天下。各国人士络绎不绝地去拜访他，全国的报章杂志不断登载他的名字；他的信徒们，三番五次替他做肖像画、做雕塑，当神一样供奉在屋中顶礼膜拜，说来令人难以置信，竟然有两位太太也曾去造访。我们这位素来被称为极忧郁、极悲观的哲学家，最后，“乐观”地躺在沙发上溘然长逝。

近代，很多思想家、文学家、艺术家，如尼采、克尔恺郭尔、瓦格纳、托马斯·曼等，无不直接或间接地受叔本华哲学的影响。其中尤以尼采所受的影响最大。这位狂傲不羁的存在主义先驱，在回忆购买叔本华的代表作《作为意志和表象的世界》的情景时，这样写道：

一个不知名的幽灵，悄然对我说：赶快把这本书带回去！我一回到家，随即把我的宝贝翻开。我屈服在他那强力、崇高的天才魔力之下了。

他花了十四天的工夫，几乎是废寝忘食地沉浸在那本书中。他又说：

我像热爱叔本华的所有读者一样，刚读第一页，便恨不得一口气把全书读完。而且，我感觉到，我是很热心地、专注地倾听他吐出的每一个词每一句话。

叔本华的哲学为何有如此深远的影响？有如此魅力？当然，首先得归功于他独树一帜的“意志哲学”，此外，他超群的语言才华也功不可没。华莱士在《叔本华的一生》中这样写道：

当读者翻开《作为意志和表象的世界》这本书的瞬间，最先获得的印象就是他那独特的语言。这里面没有像谜团一般的康德式术语，没有黑格尔诡异的辩证法，没有斯宾诺莎的几何学：一切都既清楚而又有次序，全部美妙地集中于对主要概念——意志世界、斗争、痛苦——的论述上。

何等直率坦诚！何等生动有力！何等坚强刚直！他的前辈们，曾以种种理论对那不可见的意志提出抽象的解释，然而这些理论很少能清楚明白地揭示世界的真相，而叔本华，作为一个商人的儿子，在叙述、举例和推论方面都很详明，甚至还富有幽默感。

叔本华1788年2月22日诞生于波兰格但斯克，他父亲名叫海因里希·弗罗里斯，母亲名叫约翰娜·亨利德。两人在1785年结婚，当时海因里希38岁，约翰娜19岁。

叔本华的先祖原是荷兰人，在他的曾祖父时代才移居格但斯克。他们一家，素来就是有钱有势的地方望族，俄皇彼得大帝和皇后凯瑟琳到格但斯克游览的时候，他的家就作为俄国皇室的专用招待所。家业传到他祖父手中，他祖父把事业扩展，又置了许多产业，家庭声势更加浩大。

他的父亲个性刚愎而且暴躁，但天资甚高，长袖善舞具有商业头脑，并且，早年曾旅居英、法多年，英、法文学知识相当丰富，对法国启蒙思想家、哲学家伏尔泰尤为偏爱。他在政治上主张自由民主的共和政体，爱好自由，尊崇独立。他很欣赏英国的政治和家庭制度，因此家庭布置及家具等都是仿照英国的风格。叔本华之所以对英国独具好感，大概就是因为他在幼年时期耳濡目染，受到父亲潜移默化的影响。

叔本华一生对自己的祖国——德国，有轻蔑的偏见，他比较尊重外国的思想家，他每天都读《泰晤士报》，但从来不看德国报纸，假如后来不是因为德国报纸登载关于他的新闻，他也许永远不会过目。此外，海因里希还抱有世界主义的理想，他企图把叔本华教育成“世界公民”，之所以为叔本华取名“阿瑟”，就是因为此名可适用于欧洲各国。

据说，叔本华的父亲，相貌长得可令人不敢恭维。他身体矮胖，广阔的脸上嵌着一双突出的眼睛，鼻子粗短朝天，嘴巴又宽又大，并且，从小耳朵就不太灵光。

叔本华的母亲约翰娜，旧姓叫特罗志内尔，她的父亲是格但斯克市议员。她，聪明美丽，富有文学才华，曾出版不少小说和游记，是当时很有名气的女作家，外语也说得很流利。她和丈夫，性情本来就不甚相合，所以，经常借娱乐活动来减少摩擦，旅行更是他们的家常便饭，就这样，叔本华小时候不时随着父母出游。

叔本华说：“性格（或意志）遗传自父亲，而智慧遗传自母亲。”这大概就是他自己的现身说法。如果这句话可以成立的话，叔本华在先天上已经播下“怪僻”和“天才”的种子。1793年，格但斯克被普鲁士占领，失去了自由，并改称为但泽。此事对一向以“自由、独立、共和”为理想的海因里希来说，是无法忍受的，因此，叔本华一家举家迁往汉堡，因为汉堡是自由市。

1797年，叔本华当时九岁，随父母游历，途经法国，在巴黎近郊勒阿弗尔滞留一段时间，海因里希为了使孩子彻底学会法语，把他托付到一位商业朋友古列佛埃尔家中，然后夫妇偕同回到汉堡。叔本华在此地总共住了两年，和古列佛埃尔的孩子安狄姆同受私塾教育，这一时期，是叔本华一生中最愉快、最值得回忆的欢乐时光。

1799年，叔本华返回汉堡，进了学校，但他的教育完全是为了适合将来从事商业的需要，是他父亲的刻意安排，他父亲一心想让他继承自己的衣钵。他在法国受教两年，法语异常娴熟，对自己祖国的语言反倒几乎完全忘却，因此，在家里又同时勤修德语。

他的父亲是商界名人，母亲和当时文艺界人士大半都有往来，很多名人雅士经常到他家做客。也许是在这种两相比较之下，他开始厌恶商业生活的庸俗和那种市侩味，心里从此埋下学术的种子。

不知为什么，叔本华在这种十四五岁的小小年纪，学校的老师居然也发现他有哲学的天赋。从这事看来，我们不难了解，叔本华除了惊人的才华外，个性上也必有某些特殊的地方，诸如孤独、缄默、沉思之类。说他是天生的“哲学坯子”，亦无不当。

叔本华曾向父亲要求转入普通中学，一开口就遭到严词拒绝，后来，他父亲也渐渐察觉叔本华的请求并不是小孩子一时天真的瞎想，他父亲开始意识到事态严重了。不过他父亲并不是那么冥顽不灵，也不是存心要扼杀独子的兴趣，只是文人命蹇的观念让他始终不愿意轻易放弃原有的计划。商海的经验阅历让他很懂得人的心理，他知道此时此刻采取高压手段，是最愚不可及的事。于是他绞尽脑汁想出了两个方案，让叔本华任择其一。一是顺其本意走学术研究之途，进入高等学校就读；二是加入他们夫妇出游旅行的行列。

1803年春天，叔本华在双亲的陪同下，开始周游欧洲各国，三人一行经荷兰远渡英国，再转到法国、意大利、奥地利、瑞士等国，历时近两年，才折回汉堡。即使在游历期间，他的父亲也命他进修英语、法语，母亲嘱咐他写日记，对他的教育丝毫未尝放松。

1804年秋天，叔本华与父母回到但泽，在玛丽教堂接受了基督教的“坚信礼”。翌年初，遵照父子间的事先约定，叔本华开始过商业生活。首先，在他父亲某挚友的店中实习，但他对这种行业始终提不起兴趣，经常偷闲看书或耽于沉思。晚年，他曾回忆说，他恐怕是最差劲的店员。

几个月后，叔本华的父亲忽然去世了，尸体在他家谷仓旁的运河上浮出水面，是不慎失足，还是跳河自杀？原因无法证实。不过一般风评，认为是后者。有人说，他父亲因不堪经济上的损失，从但泽迁居汉堡约损失总财产的十分之一，在汉堡生意情况又远不如以前，所以自杀。但这点理由似乎不够充分。不过，据说在他死前几个月，精神好像已经失常，经常忧形于色，性格愈加暴躁，稍不顺意，立刻大怒，行为也愈加乖张怪异。附带说明一下，叔本华的祖母和一个叔父都曾罹患疯癫症。

孀居的约翰娜，原本就不喜欢汉堡的商人社会，和叔本华的个性也格格不入，于是她在整理完亡夫的遗产后，即同其女阿德莱，移居魏玛。当时魏玛人杰地灵，堪称文人荟萃之地，德国文学巨擘歌德以及席勒、威兰、格瑞蒙、迈尔等诗人才子，均会集于此，一时传为美谈。

约翰娜携带为数不少的钱财，转到魏玛后不久，即与这些文人雅士订交，过从频繁，书信来往密切，过着奢华放浪的生活。当时，叔本华仍信守当时的约定，独自留居汉堡，继承父亲的遗志，不过他对商业生活的憎恶与厌烦，却是与日俱增。那段时间，是他一生最暗淡悲惨的岁月，据说他当时情绪忧郁、处境恶劣，几乎到了绝望的地步。他曾数度致书其母，祈求让他辞去这个工作。所幸母亲也能谅解他的苦衷，终于应允下来。这个意外的好消息，使叔本华感动得落泪。从此，他才从囚徒般的生活中解脱出来，踏上学术研究之途。这是他父亲死后的第三年，叔本华十九岁。

自此之后，到1813年完成博士论文《论充足理由律的四种根源》为止的六年间，他都是一连串的学习研究，这是叔本华之所以成为叔本华最重要的因素。我们这位“智力异常丰沛”的哲学家，此时充分表现出他惊人的学习能力。

1807年7月，他到科塔补习古典语文，在短短的半年内，获得教授们众口称誉，一致预料他“将会成为出色的古典文学学者”。后来，由于他在公开场合公然讥评某位教授，传到这位教授耳中，教授气愤之余，就利用私人关系，唆使叔本华的老师停止补习。在这种情形下，叔本华为维护个人荣誉，最终提前离开科塔前往魏玛。

在魏玛，叔本华并没有和母亲住在一起，而是另租房子，他在这里心无旁骛，又埋首书中两年，取得大学旁听学历，然后进入格丁根大学，后转到柏林大学。

这六年间，他狂热地学习，他的脑子成了知识的大杂烩，叔本华成了最渊博的作家。语言、文学方面他最拿手，从他的作品对古典语言文化的一再推崇，我们不难推断，他的希腊文、拉丁文造诣高深，他的英语，简直让英国人误以为他是老乡。他听课时有记笔记的习惯，然后再整理，同时附注自己的批评，一丝不苟，再加上独特的个性和见解，从不人云亦云、盲从附和。如果教授和他的意见不相同，他会立即不客气地指出他们的错误，他的哲学系统就是这样逐渐树立起来的。

难怪叔本华曾经自豪地说："这就是我能够有权威、很光荣地讨论一切的原因。人类的问题不能单独研究，一定要和世界的关系联系起来研究——像我这样，把小宇宙和大宇宙联合起来。"

这是一个奇异的哲学坯子。以叔本华家的财富，他原本可以像花花公子一样，流连歌台舞榭，沉迷脂粉丛中，尽情享受，商业环境也尽是这样的机会，他却偏偏选择学术研究；以叔本华横溢的才华，钻研任何学科，都可崭露头角，光耀门楣，他却唯独爱上哲学，终生"无母、无妻、无子、无家"，千秋万世赢得"忧郁、多疑、孤独、暴躁、厌世、悲观、愤世嫉俗、仇视轻蔑女人、诽谤爱情"的名声。这一切的一切，岂非天意？

叔本华与众不同的性格，世所罕见。一般研究者都认为叔本华愤世嫉俗的怪僻性格和悲观的哲学，是由于他的著作未能为世人所了解和接受，失望之余而产生的变态心理。但是他特异的性格来自天性，至少按照叔本华自己的解释应是如此，他说过“性格遗传自父亲”。叔本华的父亲个性暴躁、刚愎，他也如此。他的父亲崇尚自由独立，因普鲁士进袭格但斯克，不惜损失十分之一的财产，迁居汉堡，叔本华一生也始终坚守他心目中的真理。

叔本华转到柏林大学，本来是受到费希特的感召，希望能从他那里汲取哲学的精华，但他失望了。叔本华素来就喜欢条理清晰、合乎逻辑的文章，所以对费希特神秘的巧辩和傲慢的态度大为反感。他虽然不佩服费希特，但仍然继续听讲，他一心一意地寻找费希特的错处，与之争辩。他的笔记，充满了尖酸刻薄的批评。

就这样，叔本华感觉柏林大学不是他修取学位的地方，他的博士论文是送到耶拿大学评审的。《论充足理由律的四种根源》一文讨论世界事物的因果关系。他主张，因果观念不是建立在一个单独的公理，或者一个简单、必然的真理上，它的来源极其复杂，归纳起来，可分为四类。第一是“现象”，即感官的对象。第二是“理智”。第三是在时间、空间支配下的“存在”。第四是人类的“意志”。读者阅读此论文时，不难察觉出叔本华的全部哲学系统，此时已经奠定扎实的基础了。

这本书出版后，叔本华回到魏玛，并送给母亲这本著作，他母亲不仅不感兴趣，反而讥诮说，他的书根本卖不出去。叔本华也不甘示弱地反唇相讥：“你的著作，连堆破烂儿的屋子都不藏一本的时候，我的著作还会有人读它。”彼此针锋相对，争吵愈烈，最后，母亲气愤地把他推到楼梯下，于是我们的哲学家尖刻地对他母亲说的她只会因为有这个儿子而留名后世这些话，果然都应验了。

1814年夏，他离开魏玛，到德累斯顿住下来。因为那里交际太频繁，当然也为了逃避“女演员的诱惑”，他就此永远离开了他的母亲，虽然母亲此后又活了二十四年，但直到他母亲的晚年，彼此才恢复通信。

叔本华在他的著作中，几乎把女人批评得“体无完肤”，但他还是有过一次如痴如狂的恋爱，若非他及时挥起慧剑斩断情丝，叔本华的后半生恐将完全改变。那个令他疯狂的女人，是当时宫廷戏院最有名的女演员，名叫“卡罗琳·耶格曼”，她长得娇小白皙，曾经是魏玛公爵的情妇。叔本华认识她的时候，公爵已去世。

叔本华离开魏玛之前，开始和歌德有了比较密切的交往。这两位名垂千古照耀世界文坛、哲学界的巨星，似乎都有洞察英才的慧眼。叔本华平素自视甚高，许多名家学者都被他批评得一无是处，唯独敬爱歌德，只要歌德飘逸的风姿出现在他家的客厅，叔本华整个心神立刻就会被吸引。歌德对这位年轻的哲学家也非常器重，在耶拿，有一则故事可以证明。

某一天有一个聚会，大家围着一张茶几闲聊，唯独这位年轻的哲学博士，独自退到窗边，神情很肃穆地在沉思，几个女孩子便开叔本华的玩笑，歌德刚好走进来，问大家有什么好笑的事情，众人一齐指着叔本华，歌德责备道："不要取笑这位少年，将来他会比我们都更了不起。"

长期的孤独和抑郁让他的性格越来越暴躁和乖僻了，他常被恐惧和邪恶的幻想所困扰。他在睡觉时身边放着实弹手枪，他更不放心把自己的脑袋交给理发匠的剃刀。只要听到传染病的传言，他便吓得往外飞奔。在公共场所宴饮的时候，他都随身带着皮质杯子，以免被传染。他把票据藏在旧信封里，把金子藏在墨水瓶底下。

就学术研究的条件而言，叔本华是得天独厚的幸运儿，他继承了丰厚的遗产，不必为衣食奔波忧心，除了教两年书外，一生中再也不曾从事其他的职业。他天生又是"哲学坯子"，

“从小就觉得自己属于整个世界，而不仅仅属于自己，既然自认为命中注定是为公共福祉而生活，平常的闲暇和自由，就不能独享了”，所以，他对财富和遗产，又有一套奇特的见解。他曾经写道：

我并不认为，留心处理既得遗产有什么不应该。因为一个没有生计忧虑的人，一开始就有这样多的钱，正可以无忧无虑地过真正独立的生活，这是解除人生穷困忧愁的特权，他可以从人类宿命般的奴隶生活中求得解放。唯有获得了这种好运气的人，从降生之日起才是一个真正自由的人，因为他能够主宰时间，每天早上，他可以说“这一天是我的”。

遗产若能遇到一位有高尚品性的主人，便可发挥其最大效用，因为他能从事不同于一般“为糊口而生”的工作，这样就能各得其利，就他个人来说，虽有独享安逸生活的闲适心情，但他能创造对社会有价值的东西，能以百倍的代价来偿还对其他人的亏欠。

反之，假如一个人不能帮助别人，徒然接受遗产，便该遭到唾弃。所以，这种机会应当替天才保留，只有天才能够在艺术、哲学、文学方面表现他深刻的观察力。因此，这类人才迫切需要没有干扰的自由，他不仅欢迎寂寞，闲暇则更是他最大的幸福。

我们几乎可以确定，在叔本华决定以哲学为终身职业之日起，他就认为自己是天才，是杰出的哲学家。这种心理上的优越感，造成他孤独乖僻的个性，他蔑视“俗人”，拒绝世俗社交，深恐被凡俗的“恶德”所玷污：他瞧不起一般学者，认为他们只是为了牟利，只知道迎合世俗的要求，不是为学术而学术。这样的生活，也经常让叔本华内心感到寂寞和痛苦。但他自我勉励：

不要忘记你是一个哲学家，上苍叫你从事这种工作，切不可心有旁骛，也不要走别人的路子。要保持高尚的心志，培养超俗的见地，痛苦和失败也是必要的，正像一艘船，必须要有压舱货一般，否则，船就成了风的玩具，很容易倾覆。

痛苦是天才灵感的泉源。假如在生活中处处都能随心所欲，过得舒坦，莎士比亚、歌德的诗剧又怎么会诞生？柏拉图还会有哲学思想、康德还会有《纯粹理性批判》传世吗？

他的自负，使他极为重视个人声誉，他自信自己的成就应当凌驾黑格尔之流之上，事实上，他所得到的却是冷遇、漠视和被遗忘，在大发牢骚之余，又自我安慰道：

> 这种遗忘，证明我不配我的时代，或者我的时代不配我。在这两种情形之下，我只能保持缄默。在康德和我之间，根本就没有哲学，只有那些在大学里大言不惭的凡夫俗子，读这些拙劣的著作，真是浪费时间。我不想加入现在的哲学的争辩。人生过得很快，而了解得却很慢，因此，我不会活着看到自己赢得世俗的声誉。

叔本华虽然愤世嫉俗，但对人类并没有失去同情心。他很善于经营他的财产，到临终时，财产几乎增加了一倍。虽然他认为挥霍比贪婪更可恶，但生活中的叔本华却并不吝啬。许多贫苦的亲朋、穷困的邻居找他帮忙，他从不推辞，他还是德国“爱护动物”的提倡者。同时，叔本华的遗嘱中也指明，他的财产继承人是1848年革命后，组织救助“残废军人和孤儿寡妇”的协会。此外，用人和狗都得到一笔丰厚的财富。由此可见，叔本华宅心仁厚。

1854年，瓦格纳送他一部《尼伯龙根的指环》（瓦格纳伟大歌剧之一），并且称赞叔本华的音乐哲学。人们从各地来拜望他，1858年，他七十岁生日时，贺函从世界各地四面八方向他涌来。随着声誉日隆，他的为人也日渐和蔼可亲了。

他又活了两年，享受他迟到的盛誉。

1860年9月21日，叔本华起床洗完冷水浴后，独自坐着吃早餐时还好好的，一小时后，用人进来，发现他倚在沙发的一角，去世了。

每一次想到德国哲学家尼采的话，“我一生只喜欢读用血泪完成的著作”，就不能不让人联想到叔本华。尼采，这位在思想史上最受争议的思想巨人，这位曾自称哲学史将来会以“尼采以前，尼采以后”作为分水岭的狂人，这位认为自己和海涅是德语写作巅峰的人，在回顾自己的阅读经历时，提到最让他震撼的三本书是：

叔本华的《作为意志和表象的世界》、司汤达的《红与黑》、陀思妥耶夫斯基的《罪与罚》。

进入21世纪，人类纵然已经登陆月球，科技飞跃的美丽新世界，究竟带给人类多少幸福？寄托心灵的乌托邦近在眼前，还是遥不可及呢？这正是一个让人着迷又让人困惑的课题。

论存在的空虚

一

存在的空虚表现在存在表现自身的整个方式中；表现在无限时空之中的有限个人里；表现在作为现实事物唯一存在方式的无常中；表现在万物的偶然和相对之中；表现在不断变化的生灭现象之中；表现在不断期望而永无满足的情形中；表现在生活奋斗的不断受挫的常态中。时间和存在于时间中的脆弱易毁的万物只是生命意志显示其奋发精神的一种虚无的方式，就生命意志作为物自体而言，虚无是不会消灭的。时间使一切事物在我们手上化入虚无之中并失去一切真正价值。

二

曾经存在的东西，现在不再存在，就像从来不曾存在一样。但是现在存在的一切东西，在下一刻就变成曾经存在的东西。于是最无意义的现在也比最有意义的过去具有更多的现实性，这表明前者与后者的关系是“有物存在”和“无物存在”之间的关系。

过了无数年之后我们也不会存在，而突然之间来到这个世界也让我们惊愕。可是不久之后将重新化入虚无之中，也同样经过无数年。我们内心说那不可能是对的，当我们内心想到这种观念时，认为即使最低的智慧也必然有一种预知，预知时间的观念性。不过时间的观念性和空间的观念性结合在一起是打开真正形而上学的钥匙，因为它容许在事物的自然秩序以外存在完全不同的秩序。这就是为什么康德如此伟大的缘故。

我们生命的所有时刻之中只有片刻属于现在，大部分永远属于过去。每个夜晚，我们都觉得比白天更可怜。如果我们内心深处不曾了解自己享有无尽的永恒源泉，因而能获取新的生命和新的时间的话，那么当我们看到自己短暂的生命不断消逝的时候也许要发狂。

的确，你可以基于这种想法而建立一种理论，即最伟大的智慧便是把握现在并且将这种把握当作人生的目标，因为现在是最真实的，别的一切都是虚幻的。但是你也可以说这种生活方式是最大的愚行，因为那件不再存在的东西，像梦幻一样完全消失的东西不值得认真追求。

三

除了短暂的现在之外，我们的存在没有其他的依靠。因此，从根本上看，存在的形式永远是不断的运动，根本找不到我们追求的那种安静。存在的形式好像从山上跑下来的人一样，如果想停下来就会跌倒，只有不断地跑才能稳住脚跟，或者像在指尖平衡的竿子，像绕着恒星运动的行星，如果不再保持移动或继续运行就会掉下来或落到恒星上。因此不安于静止是存在的象征。

在这样的世界里没有任何静止的东西，也不可能有任何持久的东西，一切东西都在不断变化，一切东西都像放在拉紧的绳索上面，只有不断地向前跨进才能稳在上面。在这样的世界里，快乐不如我们想象的那么多。在这样的世界里，除了柏拉图所说的“不断的变化和常变不居的存在”以外，没有其他东西出现，这样的世界怎么能有片刻停留。

第一，没有一个人是快乐的，只是终生追求那很难得到的想象的快乐，即使追求到了，也只会对它失望。不过，人最终总是入港搁浅而折毁桅杆。

第二，在一种只含有短暂的连续而到达终点的生活中，不管快乐与否，结局都是一样。

四

生命的情景好像镶嵌粗陋的图画：从近处看，看不出什么东西，要发现它的美，必须从远处看。那就是为什么得到某种期求的东西以后就发现它是多么空虚的道理；也是为什么我们终生期望更佳境遇却往往遗憾地怀念过去的道理。

另一方面人们把“现在”看作非常短暂而只是达到目标的手段。这就是为什么大多数人在回顾自己生活时发现自己一直都是暂时活着的道理，也是为什么大多数人在了解自己轻轻放过不屑一顾的东西正是自己的生命、正是自己活着期求的东西时感到惊愕的道理。

五

生命所表现的主要是一种工作、一种维持本身存在的工作，求胜就是生命。如果这个工作完成了，所获得的东西就变成一种负担，于是出现第二个工作：如何避免厌烦。厌烦像捕食动物的飞鸟一样，盘旋在我们头上，总想找机会攫取安心宁静的生活。第一个工作是追求某种东西，而第二个工作却是设法忘却所获得的东西，否则就变成一种负担。

只要我们稍稍观察一下，就可以知道，人总有一堆难以满足的需求；满足这些需求除了使他陷入厌烦以外，别无所得。厌烦是表示存在本身毫无价值的直接证明，因为厌烦只是对存在的一种空虚感知，这些情形充分证明了人生必定是一个错误。人的本质和存在就是追求生命，如果生命中含有正面价值和真实的内容，也就不会有厌烦，单纯的生存就能让我们满足。像实际情形所表示的一样，除非我们在追求某种东西，只有在这种情形下，距离和困难才可以使我们的目标看来似乎令人满足。其实这是一种错觉，当我们接触到时，它又消失了。即便从事纯粹心智的活动也不能完全摆脱这种向厌烦和乏味的跌落。

在这种情形下，我们的确在脱离生命以便像看戏一样从外面去审视生命，否则我们在生存中就得不到快乐。即使性的快乐也是如此，性的快乐在于不断的追求，一旦所求达到了，快乐也就失去了。每当我们不从事这些事情而只回到生存本身时，就会感到深深的空虚、感到人生没有价值，这就是所谓的厌烦感。

六

人类有机体所显示的生命意志的最完全表现及其无可比拟的精密而复杂的组织终必崩溃而化为尘埃，它的全部精华和奋斗成果最后也毁灭殆尽，这是“自然”的明确宣示，它告诉我们意志的一切奋斗终归无效。如果它是本身有价值的东西、是应该无条件存在的东西，就不会归于虚无。

然而我们的起始和终结之间的差别多么大，一开始我们疯狂地追求肉体的享受及强烈的情欲，最后我们的整个身体崩解发出尸体的腐臭。生活的幸福和快乐从最初到最后，每况愈下：快乐梦幻的童年，充满青春活力的少年，艰辛工作的成年，体弱可怜的老年，最后是令人痛苦的疾病和在垂死边缘的挣扎，这些现象不正表示生存本就是个错误吗？不是表示一种结果越来越明显的错误吗？

我们尽量把生命看作幻灭的过程。因为很明显的是，这些必将成为我们经历的一切生命场景。

论生命意志的肯定与否定

一

在某种范围内，这是一个显然的先天真理，创造了世界现象的意志一定不会因为处于潜在的状态而丧失对现象的支配力。现在我们知道，如果前一种状况构成意志活动的现象，那么后一种状况便构成非意志活动的现象。从本质上看，这与佛家的涅槃相同。

生命意志的否定根本不含有消灭实体的意思在内，只表示否定意志活动；以往有意志活动的东西现在不再有意志活动了。这个作为“物自体”的意志，我们只有透过生命意志的活动才能知道它，因此意志不再表现这种活动以后就无法说明或想象它是什么东西或要做什么别的事情，于是对作为意志现象的人类来说，这种生命意志的否定就表示一种从有到无的变化。

二

在希腊人和印度人的伦理学之间有一种明显的对立：前者的目的（虽然柏拉图例外）是使人能够过一种快乐的生活；后者的目的则相反，是从生命中彻底解脱和拯救，数论派在其代表著作中的第一句话，就直截了当地这样表达过。

如果你看到佛罗伦萨美术陈列馆一具古代的雕刻精美的石棺的话，就会发现一种同样的对立情形，由于这种对立情形具有可见的形象，所以更显得有力。这具石棺上所描绘的是全部结婚仪式的浮雕，从最初的求婚到婚姻之神海门的火炬照亮到洞房之路。然后你把这种情形和基督徒的棺木做一下比较，就会发现后者的棺木四周都漆上黑色以示悲叹，棺木上放一个十字架。这种对立情形非常有意义。

两者都想在面对死亡时获得慰藉；他们的方法却完全相反，可是两者都是对的。一个表示对生命意志的肯定，肯定生命永远是稳固的，不管生命的形式如何快速地一个一个彼此相续。另一个由痛苦和死亡的象征，表示对生命意志的否定以及从死亡和魔鬼支配的世界中解救出来。在希腊罗马泛神论精神和基督教精神之间，真正的对立是生命意志之肯定与否定的对立，在这方面，基督教毕竟是对的。

三

我的伦理学和欧洲其他所有哲学家的伦理学之间的关系，如果以教会的观点来解释的话，就像《圣经》《新约》和《旧约》之间的关系。因为《旧约》把人置于律法支配之下，而律法并不引导人走入救赎之境。《新约》则不同，《新约》告诉我们律法是不够的，的确，《新约》不要求人服从律法。《新约》宣扬恩宠王国以代替律法，我们可以通过信仰、爱和彻底的自我否定进入恩宠王国。《新约》告诉我们，这是从邪恶和现象世界中获得救赎的唯一道路。所有新教徒和理性主义者都错了，《新约》的真正精神无疑是禁欲主义精神。

这种禁欲主义精神正是生命意志的否定，而从律法范围转变到信仰范围，从罪恶和死亡世界转变到基督教中的永恒生命世界，从实质意义上看，这些都表明从单纯的德行转变到生命意志的否定。在我之前的整个哲学伦理学都固守《旧约》的精神：它提出一种绝对道德律即没有基础也没有目的的道德律，并包含道德上的命令和禁律，在这些命令和禁律背后暗中有一位独裁的耶和华。不管这种伦理学表现的方式如何，我这种说法都符合《旧约》的实情。

相反，我的伦理学却有基础、目的和目标：首先在理论上证明正义和良善的形而上的基础；然后指出正义和良善完全实现时必定达到的目标。同时它明确承认世界应当受到责难，并指出意志的否定才是达到救赎之道。因此我的伦理学实际上和《新约》的精神是一样的，而所有其他伦理学和《旧约》精神一致，因而在理论上甚至只是犹太教而已，这就是说它只是一种赤裸的、专横的一神教而已。从这个意义上看，我的学说可以说是真正的基督教哲学，尽管那些不愿进入问题中心只想了解皮毛的人觉得这种说法似乎并不合理。

四

如果一个人能够稍做深入的思考，他立刻会发现，人类的种种欲望并非只在彼此偶然对立、产生伤害和邪恶时才成为罪恶；而是如果它们带来了恶果，本质上它们就是罪恶的和应受责难的，因此整个生命意志也是应受责难的。这个世界所充满的残酷和痛苦现象，事实上只是生命意志的种种客观化方式的必然结果，因此也只是对生命意志的肯定所做的解释。

死亡这一事实就证明我们的存在本身含有罪过。

五

如果你从物自体从生命意志出发去了解这个世界，那么你会发现，这个世界的核心、这个世界最集中之点是生育活动。相反，如果你从现象世界出发，如果你从经验世界、观念世界出发，所看到的情形就很不同。在这里，生育活动被视为完全超然而绝不相同的东西，其实它是一种不必掩饰和隐藏的东西，并带来了许多笑料，成为不合理的反常事物。

可是，我们可能以为这只是魔鬼隐藏诡计的情形，因为我们不是不知道性欲给我们的憧憬如此之多而实现得又如此之少，因而只是高贵世界所表现的骗人把戏，尤其是当我们的性欲固定于对某一特定女人因而全心全意迷恋她时就更是这样。

从某种意义上看，女人在生育活动中担任的角色比男人担任的角色更有益，因为男人使小孩具有意志，这是一切不幸和邪恶的源泉，是最大的罪恶，而女人却使小孩具有知识，这就打开了得救之门。

生育活动是宇宙之结，这表明“生命意志再度被肯定”。另一方面，妊娠则表明：“知识之光再度和意志合一。”借此我们可以发现再度摆脱这个世界的方法，而救赎的可能也因此而揭示。

这一点说明了一个明显的事实，即每个女人虽然乍闻生育活动会觉得羞死人，然而拖着一个大肚皮时却毫无害羞的样子甚至引以为荣。理由是：从某种意义上看，妊娠抵消了性交带来的罪过。因此，虽然性交使人觉得很害羞和不好听，然而与性交密切相关的妊娠却表现得纯洁无邪，在某种程度以内甚至是神圣的事情。

性交主要是男人的事情，妊娠则完全是女人的事情。小孩从父亲那里获得意志和性格，从母亲那里获得智慧。后者是救赎生命的原理，意志则奴役生命。

可是，生命意志仍然存在于时间之中，生命意志的重新具体化也是一种象征，表示知识之光、最明亮的知识之光、救赎的可能再度和意志合一了。这种情形的表征是妊娠，因此妊娠可以大摇大摆地公开表现出来，是引以为荣的事情，而性交却像罪犯一样藏头藏尾。

六

对从事不义和邪恶行为的人来说，不义或邪恶行为是其肯定生命意志力量的表征，因而仍然离真正的救赎很远亦即离生命意志的否定很远，也离“从这个世界救赎出来”很远。此外，还表示在他能够真正得救之前仍需长时期学习知识和训练受苦。不过，对那些必定碰到这些情况的人来说，虽然从形而下的意义看是一种罪恶，可是从形而上的观点看却是一种良善的、有益的行动，因为它们在帮助他走向真正的救赎之道。

七

世界精神：这需要你付出所有劳动和忍受所有痛苦的工作，正因为这个你才像万物一样存在。

人：但是我从生活中得到什么呢？如果生活是满足的，我便只有痛苦，如果是空虚的便只有厌烦。付出这么多的辛劳，忍受这么多的痛苦，你怎能给予这么少的报酬呢？

世界精神：可是，这全是按照你所有艰辛和痛苦的比率而给予的，这也正说明了回报与付出一样贫乏。

人：的确，那不是我能了解的。

世界精神：我知道会如此。我应该告诉他生命的价值就在于这些吗？我应该告诉他生命的价值，教他不要对回报有所希求吗？生命一定为他准备了这个最初的起点。

关于宗教的对话

德谟菲利斯：亲爱的朋友，我不太喜欢你用讽刺语句挖苦宗教甚至对宗教公开嘲笑的方式在我们之间表现你的哲学才能。每个人的信仰对他自己而言都是神圣不可侵犯的，因此，对你而言也是神圣不可侵犯的。

菲勒里希斯：我不同意你的结论，我不知道为什么因为别人头脑简单，自己就应该尊重一堆谎话。我尊重的是真理，所以我无法尊重与真理相反的东西。我的座右铭是“即使世界毁灭也得维护真理”，正如法官的座右铭是“即使世界毁灭也得维护正义一样”。每一种行业都应有类似的格言隽语。

德谟菲利斯：那么，我想医生的座右铭将是，即使世界毁灭，也得配销药品——这将是最可能需要实现的一句座右铭。

菲勒里希斯：天杀的，你应该以稍有保留的态度看待一切事物。

德谟菲利斯：很好。但是这也适用于你，你也应该以稍有保留的态度看待宗教，你应该了解，一般人的需要应该以他们所能了解的方式来满足他们。对那些深陷于追求无价值的物质生活而未受教育的人来说，宗教是向他们灌输崇高的人生意义中某种观念的唯一工具，也是使他们明白这种观念的唯一工具。

人在本性上除了追求物质需要和欲望的满足以外，不会注意其他东西，此外，当这些需求欲望满足以后才注意到娱乐和消遣。哲学家和宗教家来到这个世界唤醒他们并指出人生的崇高意义。哲学家的对象是少数高超的人，宗教家的对象是多数人、是整个人类。哲学不是每个人都能了解的——柏拉图曾经这样说过，你应该记住这句话。

宗教是一般人的普遍形而上学，应该让一般人保有这种形而上学，你应该对它表示明确的敬意，因为如果你不相信它，就等于把它从他们那里拿走。正如世上有民歌一样，也必须有民间形而上学，人们绝对需要一种对生命的解释，同时这种对生命的解释还必须是他们能够了解的。这就是为什么它往往包含在寓言之中。同时就其作为人类行为的实际指南以及痛苦和死亡的慰藉而言，就像我们握有真理时一样。

你不必为宗教所采取的奇奇怪怪显然不合理的形态而感到困惑，因为以你的学问和文化修养，也不知道为何需要采取一种迂回曲折的路线向一般大众宣示深奥的真理，因为他们根本不了解这种真理。一般人们并不直接接触真理，他们只借种种宗教模式来把握和描述真理，可是真理与这种宗教形式是无法分开地联系在一起的。所以，亲爱的伙伴，我希望你能原谅我这样说：嘲笑宗教是心地狭窄和不公正的表现。

菲勒里希斯：如果说，除了这种形而上学以外就没有任何其他形而上学适合一般人的需要和能力，这种说法难道不是心地狭窄和不公正的吗？如果说，这种形而上学的看法和观点应是构成探讨的极限并成为一切思想的指南和典型，因而使你所谓的少数高超者的形而上学只成为一般人的形而上学的证实、堡垒和启发，这种说法难道不是心地狭窄和不公正的表现吗？

如果人类心灵的种种最高能力和你所谓的民间形而上学相冲突，就不应加以运用和展开，而是应该在萌芽时就加以摘取，这种说法难道不是心地狭窄和不公正的表现吗？宗教的种种要求、借口，根本上不是这么回事吗？本身缺乏容忍精神和同情心的人，还可以宣扬容忍精神和同情心吗？

我可以拿异教徒法庭和审讯、宗教战争和十字军、苏格拉底被毒死和布鲁诺[1]、瓦尼尼[2]被烧死为证。即使我承认这种事情现在不会再发生，可是除了国家赋予独占地位的传统形而上学以外，还有什么东西更能阻碍真正哲学的发展呢？还有什么东西更能阻碍最高尚之人对最高尚事业的真正真理的追求呢？

这种传统形而上学的主张被人们如此热心地如此深刻而牢固地塞进每个小孩子的脑海里以至除非头脑具有特别的伸缩

性，否则就会永远保留它们的印象，因而自己的思想以及做公正判断的能力，在任何情形下总是不够强，以致总被麻痹和消灭。

德谟菲利斯：所有这些话的真正意思是，人们已经获得一种自己打算放弃以交换你的信念的信念。

菲勒里希斯：只要它是一种信念，只要它是一种建立在理性上的信念！那就可以与种种理性能力相对抗，我们也应该基于同样理由而相对抗。但是，大家都知道，宗教不需要信念，不需要理性做基础，宗教所需要的只是信仰，只是以启示做基础。信仰能力在孩提时代最强，这就是为什么宗教千方百计设法掌握这种年纪的信徒。

宗教就是在这种方式之下使信仰的教义扎根，运用这种方法甚至比威胁和奇迹故事还频繁。因为如果在一个人的孩提时代不断以非常严肃的态度以及从未见过的饱满热情向他讲述某些原则和看法，同时根本没有怀疑的可能，或者如果只是为了把它描述为走向永远沉沦的第一步，那么它所产生的印象将会非常深刻，以至在一切情形下都使他几乎无法怀疑这个看法的真实性，正如不怀疑自己的存在一样。因此在一千个人当中，难得有一个人具有坚定的心灵，严肃而坦诚地自问：这是真实的吗？

“坚强的人”这几个字用于形容具有这种坚定心灵的人比

利用这种坚定心灵去从事认知活动的人更恰当。可是对其他的人而言，则没有东西会像下述情形一样荒谬：即在这种方式下被灌输这种观念以后，也不会顽固地相信它。

例如，如果人们宣布杀害异教徒或不信神者是得救的必要条件，那么几乎每个人都会把这种行为当作自己终生的主要目标，在死亡时对这种行为的回想将会带来安慰和力量；好像每个西班牙人都习惯于认为公开焚死异教徒是一种最虔诚的和取悦上帝的行为一样。印度暗杀团[3]的教友和这种情形颇为相似，英国人在最近才把这种暗杀团分子用大规模的死刑镇压了。

暗杀团分子趁机不忠不义地杀害自己的朋友和旅伴，并拿走他们的财物来表示自己的宗教信心以及对女神卡莉的崇拜，因为他们有一种牢固的错误观念，认为自己做的是值得赞扬的事并且是有助于自己永远得救的事。宗教教条的力量早年深入人心，结果可以消灭他们的良知，最后消灭一切同情心和人性。

如果你想亲眼看到这种情形，如果你想从最近的事实看到早年被灌输宗教信仰所能带来的结果，就请看看英国人的情形。英国人本来得天独厚，他们比其他国家的人具有更多的悟性、理智、判断力和坚定的性格。可是他们却比其他国家的人更堕落，几乎可以说是更卑鄙，因为他们教会的迷信使他们如此，这种迷信像固定观念，像彻底偏执狂一样深入他们的一切禀性中。

造成这种情形的唯一原因是：英国人的教育操纵在教士手里，教士利用教育在最幼小的孩童心里灌输一切信条，而这种信条造成大脑的局部麻痹因而产生终生愚笨的偏执态度，这种偏执态度，使智慧最高的人都堕落了。

但是，如果我们想一想，要巧妙地实现这种情形也就是怎么在最幼弱的年龄灌输信仰，那么，我们就知道，派遣传教士到外地去不再只是勉强、高傲和鲁莽的表现，可是如果传教士的派遣不限于仍然处在不开化状况的民族如南非蛮族荷腾托特土人、班都族黑人卡菲亚人、南大西洋土人以及其他类似土人，则这种派遣传教士的做法就显得荒谬，因为在这些土人中间派遣传教士的做法，无法获得预期的成功。

可是，在印度却不同，婆罗门教徒往往以不屑的微笑或耸耸肩膀来对付传教士的说教，在这里，一切诱使其改变宗教信仰的企图，即使机会良好，也都会遭遇彻底的失败。因为正如我说过的，播下信仰种子的时期是孩提时代而不是成年时代，尤其不是早期种子已生根的成年时代。可是，如果成年人改变宗教信仰，则这种改变信仰的成年人所取得的后天信念一般来说只是为获得某种个人利益或其他利益的假面具。

正因为人们觉得实际情形几乎都是如此，所以一个在明辨是非以后改变宗教信仰的人往往被大多数人所轻视，而这种轻视同样表明：他们把宗教当作早年灌输在生命中以及经过种种考验的信仰而不是当作合理信念的问题。

他们的看法之所以正确，似乎是由于下述事实，即不但盲目地信仰大众永远忠实于各自本土的宗教——即使宗教教士，虽然研究过宗教的种种渊源、基础、教条和争论，可是也这样做。因此一个教士从某一宗教转向另一宗教的现象，是世界上最难见到的。

例如，我们知道天主教教士完全相信自己所属教会的全部教义是真实的，同样基督教新教教士也完全相信自己所属教会的全部教义是真实的，两者都以同样的热情来维护自己所信的教义。然而这个信念却完全依赖每个人自己所属的国家。对德国南部的教士来说，天主教的教条是显而易见的道理，可是对德国北部的教士来说，则新教的教条是显而易见的道理。

因此，如果种种信念与其他类似信念的东西是建立在客观基础上的话，这些客观基础一定是气候上的。这些信念必定像鲜花一样，有的只能在这里盛开，有的则只能在那里盛开。但是，那些像这样基于地方理由而相信某种教条者的信念是到处为人所信的。

德谟菲利斯：这没有什么害处，也没有什么重大的差别；事实上，新教比较适合德国北部，天主教则比较适合德国南部。

菲勒里希斯：事情好像是这样。可是，我却赞同更高层次的观点，也有一个更重要的目标，即推动真理的进步。就此而论，如果每个人不管自己生在什么地方，在自己年幼时就被灌输了某些看法并确切相信假如怀疑这些看法就影响自己永远得救的话，这是一件相当可怕的事情。

我之所以说它是可怕的事情，是因为这些看法大部分涉及我们所具有的其他一切知识的基础，因此有关一切知识的某一观点一下子就固定了，同时如果这些看法不真实的话，就是一种永远刚愎自用的观点。并且由于它们的后果和结论超越我们的整个知识体系，因而整个人类和理智便因它们而彻底被曲解了。

一切文献都证明了这一点，中世纪的文献最明显，可是十六七世纪的文献也差不多。在所有这些时代中，我们看到，即使第一流的人似乎也都被这些错误的前提所误导，尤其是，他们都不能洞察自然的真正特性和活动。

在整个基督教时代，有神论思想像施加于一切心智活动尤其是哲学活动上的噩梦一样存在着，并且妨碍了或遏止了一切进步；若任何人具有心灵的伸缩性而能摆脱这些桎梏的话，他的作品便被烧掉了，有时候甚至连自己的生命也被烧掉，像布鲁诺和瓦尼尼所遭遇的命运一样。

但是当平常人胆敢批评一种与自己信奉的学说不同的学说时，我们可以看到这个早期形而上学的影响是怎样完全麻痹着这种人的。通常你会发现他们最关心的事是证明这种学说的信条与自己的信条不同。因此他们相信自己证明其他学说的错误是毫无问题的。他们根本没有想到要问问这两个当中到底哪个才是真实的，他们觉得自己所信的教条是颠扑不破的。

德谟菲利斯：这就是你所谓的更高的观点。我可以告诉你，还有一种比此还高的观点。“先去生活，然后才从事哲学思维”这句话，初看起来并不怎样，可是经过深思以后，你会发现它具有更深远的意义。此外，还有什么东西约束一般人民大众的野蛮和邪恶倾向因而防止他们做出凶暴、残忍、可耻以及更多极端不义的行为呢？

如果你迟迟不这样做，等到他们慢慢发现和了解真相就一定要永远等待。因为即使我们假设真理早已被发现，他们也无法把握它。他们仍然需要把真理在寓言中表示出来，仍然需要把真理在神话中表示出来。

康德曾说过，一定有一种大众的公理和道德标准，而这种标准也必定常常在摇摆不定之中。最后它是无关轻重的，只要它正确地表达思想。对整个人类而言，这种以寓言方式表示真理的情形，在任何时间任何空间都是真理本身的适当代替品，因为真理本身是永远不易达到的，也是一般哲学的代替品，因为一般人永远无法了解哲学，哲学每天都在变，到现在还没具备一种获得普遍承认的形态。因此我亲爱的菲勒里希斯，你知道，在任何方面，实际目的总是先于理论目的。

菲勒里希斯：这个观点现在得到普遍的赞扬，被通俗化了因而也被导入歧途。这就是我现在急于要反对的理由。如果说国家、法律和正义只能借宗教及其信条之助才能加以维持，如果说法官和警察需要宗教作为维持公共秩序的必要协助者，这种说法是不正确的。虽然人们不断地说到它，但是它是不正确的。

因为古人尤其是希腊人给我们一个事实上的和明显的反证：他们根本没有我们现在所谓的宗教。他们没有《圣经》，也没有教给每个人需要遵从的教条。他们的宗教当局也不会宣讲道德或担心做什么或不做什么，绝对不会。教士的职务只是主持寺院的仪式、祈祷、赞美、献祭、静心等等，所有这些与个人的道德增进毫无关系。

所谓宗教全在于给这个或那个神造个庙，国家的官吏在庙中主持对神的礼拜，因此这种礼拜在根本上是一种家政事件。除了有关的官吏以外，没有一个人是必须参加这些仪式的，更不必信奉这种礼拜。在整个古代都没有发现必须相信任何教义的痕迹。只有当一个人公开否认神的存在或渎神时才会遭受惩罚：因为这时他冒犯了国家。但是除此之外，任何人都可以自由决定自己的信仰。

关于灵魂不朽和来生等问题，因为古人对此没有教条式的固定观念，所以也根本没有任何固定的明确的看法；他们对这些问题的看法，完全是摇摆的、不确定的和可疑的，而每个人都有自己的看法；他们对诸神的看法也是彼此不同的，各具特点，莫衷一是。

因此严格说起来，古人并没有我们现在所谓的宗教。但是，他们是否因为没有宗教而有过无政府和无法律状态呢？他们不是产生过法律和公民制度而现在仍然可以作为我们自己法律和公民制度的基础吗？他们的财产虽然建立在大量使用奴隶之上，然而不是完全安全的吗？这种情形不是维持了一千多年吗？

所以我无法承认宗教具有实际的目标，也无法承认宗教是一切社会秩序都不可缺少的东西。因为如果情形果真如此，那么追求光明和真理所做的奉献看来至少是不切实际的，同时如果有人竟敢公开指责官方信仰是破坏真理而以欺骗方式维护宝座的篡夺者的话，那就有罪了。

德谟菲利斯：但宗教并不和真理对立，因为宗教本身也宣扬真理，只是宗教的活动范围不是狭窄的课堂而是整个世界和整个人类，所以它必须适应大多数民众的需要和能力。因此不能赤裸地把真理表现出来。宗教是以寓言和神话方式表达出来的道理，因此要使大多数民众易于接受和消化。

因为大多数民众永远无法接受纯粹无杂质的真理，正像我们无法生活在纯氧中一样。只能用象征方式向一般民众表达人生的深刻意义、崇高目标，并使其时时看到这种意义和目标。因为一般民众无法实实在在地把握它。另一方面像伊拉斯[4]的神秘宗教一样，哲学应该是保留给少数特殊人的。

菲勒里希斯：我了解，你所说的真理必须包含在谎言中。但这种结合会破坏和消灭真理。因为当你允许一个人用谎言来传达真理时，便在这人手中放了一件危险的武器，如果允许这种情形存在，恐怕谎言带来的害处大于谎言中所包含的真理带来的好处。如果寓言自己承认是寓言，我可能不加反对，但是如果它只是这样，就会丧失一切被人重视之处，因而也会丧失一切效果。

因此，它必须表现为实质意义下的真理，其实充其量，它只是寓言意义下的真理。这里就有无可补救的害处，有永久的不良后果，这种不良后果往往使宗教与追求纯粹真理崇高公正的努力相冲突并且会永远如此。

德谟菲利斯：一点儿也不。那已经预防了。因为虽然宗教没有公开承认本身的寓言性质，然而却做了充分的表示。

菲勒里希斯：宗教怎样表示这一点呢？

德谟菲利斯：透过它的神秘性。“神秘”两字根本就是表示宗教寓言的神学专有名词。而且所有宗教都有其特有的神秘。准确地说，神秘是一种显然不合理的教条，可是这种教条本身却隐藏着崇高的真理，一般没有受过教育的无知大众是无法理解这种真理的，因此他们接受以伪装姿态表现出来的这种真理，并且相信这种真理并没有因其不合理性而误入歧途。

于是，只要他们能够进入问题的核心，就会这样做。当我说哲学中也用到神秘两个字时，你会更理解我的意思，例如当兼为虔敬者、数学家的帕斯卡[5]以这三重身份说：“上帝到处是中心，没有一处是边缘”时，你就会理解我的意思。马尔布兰基[6]也曾说：“自由就是神秘。”我们可以进一步说，宗教中的一切东西实际上都是神秘的，因为向那些无知大众表达实质意义的真理是绝对不可能的，无知大众所能接受的只是通过寓言把真理表达出来。无知大众看不到赤裸裸的真理，真理似乎要以重重伪装的姿态表现在他们眼前。

因此如果我们要求宗教成为实质意义下的真理，那是很不合理的。神话和寓言是它恰当的因素，但是在这种因大多数人的心理限制而造成的情况之中，它使人类根深蒂固的形而上需要获得充分的满足，并代替了纯粹哲学的地位，因为纯粹哲学是普通的无知大众难以理解的，也许是永远无法理解的。

菲勒里希斯：啊，是的，这多少有点像义肢代替真腿的情形，例如义肢代替真腿，尽量代替真腿的功用，希望被当作真腿看待，好坏都是人工方法装上等等。唯一的区别是：通常真腿总是先于义肢的，可是宗教却到处都是先于哲学的。

德谟菲利斯：那是可能的。可是，如果你没有真腿，义肢是非常有用的。你应该记住，人类的形而上的需要是绝对得满足的，因为人类的思想范围是有限的，不能无限扩展。

可是，通常人总是没有重视理性决定真假的能力；而且自然及其需要加在人身上的劳动，使人没有时间做这种探讨，也没有时间获得预期的教育。所以在这种情形下不可能有基于理性的信念问题。他必须诉诸信仰和权威，即使有真正的哲学代替了宗教的地位，可是，至少有十分之九的人类是基于权威而接受它的，因此也还是一个信仰问题。

不过，权威只能因时间和环境而建立，权威无法施加在只服从理性的东西上面，即使只是真理的一种寓言表现方式。然而，对那些在历史过程中获取它的东西，也应赋予权威的名字。为权威所支持的这种表现方式首先投合人类实际的形而上的倾向，投合理论的需要，这种需要起源于我们生存的艰难和下述的认识，即在世界的物质层次之后，必定隐藏一种形而上的层次，必定隐藏一种没有变化而作为不断变化者的基础的东西。

不过因此也投合意志，投合永远在痛苦不幸中的有限人类的恐惧和希望，因此这种表现方式为人类创造所需要的鬼神，创造能够使其满足并加以笼络的鬼神。最后更投合人类心中所表现的道德意识，使这种道德获得外在的支持和肯定，获得维护承担的条件。

正由于这个方面，宗教给我们人生的无数痛苦带来无限的安慰，人生的痛苦即使死亡时也不会离开我们，相反唯有在死亡时才显出它的全部效果。因此宗教可以比作一个拉住盲者之手引导盲者走路的人，因为盲者自己不能看而唯一重要之点是盲者应该到达他的目的地而不是看到一切要看到的东西。

菲勒里希斯：这最后一点的确是宗教最有力的一点。如果它是一种欺骗，也是借宗教之名而进行的欺骗，这是无法否认的。但是这使教士处在一种作为欺骗者和道德家的奇特十字路口。因为他们不敢宣扬真正的真理，像你所解释的一样，即使他们认识真正的真理，也不敢加以宣扬，何况他们不认识。

所以世界上可能有真实的哲学但不可能有真实的宗教。我所谓“真实”两字的意义是指其本身具有的意义，并非像你所说只有象征或寓言意义。从那种意义上说，一切宗教都是真实的，只是程度不同而已。无论如何，它与世界所展现给我们的祸福、善恶、真伪、贵贱之间解不开的纠缠是完全一致的。由于这种一致，最重要的、最崇高的和最神圣的真理只能掺杂在谎言中表现出来，从谎言中获得力量，正如从某种使人类获得更强烈印象的东西中获得力量一样，也必须借采用启示方式的谎言预示出来。

我们甚至可以把这个事实看作道德世界的象征。可是，我们不要希望人类有一天会达到成熟和接受教育，因而一方面能产生哲学另一方面能接受哲学。单纯是真理的表征，赤裸的真理应该是非常单纯而易于了解的，应该以其本来面目而不带神话和寓言（一堆谎言）的方式，灌输给每个人——就是说，不必以宗教方式伪装地表现出来。

德谟菲利斯：你对大多数人的能力如何受到限制的情形，认识不够。

菲勒里希斯：我所说的只是一种希望，可是，这是我不能放弃的一种希望。如果这种希望实现了，当然会把宗教从它长久以来占住的位置上赶下来。宗教会实现它的工作并任其自然发展。那么，它可以解放它所引导的民族中的大多数人，而它自身也不声不响地消逝了。这将是宗教的无痛苦死亡。

但是只要它存在，它就具有两方面：真实的一面和欺骗的一面。你是喜爱它还是憎恨它，就要看你到底看到哪一面。你应该把它看作一种必需的恶。它的必需是由于大多数人类的无能，他们不能了解真理，因此在这种迫切的情形下，就需要一种代替品。

德谟菲利斯：要坚持这一结论，然后永远记住宗教具有两方面。如果我们不能从理论方面也就是从理智方面证明它的话，也可以从道德方面证明它是那种与猴子和老虎同类却富有理性的动物的唯一指导、控制和满足的工具。如果你从这个观点去看宗教并记得宗教的目的主要是实用，理论只是次要的，那么你会觉得它是最值得重视的。

菲勒里希斯：最后，这种重视完全基于一个原则，即目的使手段神圣化。我不想基于这一理由而妥协。在驯服和训练那邪恶、愚钝的两足动物方面，宗教可能是最好的工具。但在真理之友的眼中看来，任何欺骗不管多么虔敬，仍然是欺骗。一套谎言将是带来德行的奇妙工具。我效忠的对象是真理，我将永远忠于真理，不管结果如何，我将为光明和真理而奋斗。如果我把宗教列入敌人之列……

德谟菲利斯：但是，你不会发现宗教已经处在你的敌人之列，宗教并不欺骗，宗教是真实的，是所有真理中最重要的。

但是像我早已说过的，由于宗教的观点非常高，高到一般大众无法直接把握它，由于它的光芒普通的眼睛看不见，所以，它以寓言方式伪装地表现出来，并且向我们宣示一些东西。这些东西本身虽然并非严格真实，但其中所含的崇高意义则是真实的。如果你这样去了解的话，宗教便是真理。

菲勒里希斯：如果它只敢在单纯寓言的意义上表现为真实的，那是相当公平的。可是，它却进一步主张在严格和实质意义上是真实的，这便是欺骗，也是真理之友必定反对的地方。

德谟菲利斯：但是，那是不可缺少的条件。如果宗教承认自己的观点只有寓言的意义，只在寓言意义上才是真实的，那么，这会使自身失去一切效果；由于这种严重的结果，它对人类内心和道德方面无法估计的有利影响便失去了。你要提防不要让自己理论上的吹毛求疵使一般人对你产生不信任，最后曲解某些东西而这些东西又是使他们获得安慰的无尽源泉，他们很需要这些东西。的确，他们的艰苦命运使他们比我们更需要这些东西，因此我们不应该破坏它。

菲勒里希斯：当马丁·路德攻击罗马教廷出售赦罪券时，你可以用那个论证把马丁·路德驳倒。真理，我的朋友，只有真理颠扑不破，只有真理历久不变，只有真理能牢牢站住，真理带来的安慰是唯一可靠的安慰，它是毁坏不了的钻石。

德谟菲利斯：是的，如果你能任意支配真理并能在需要时为我们所用的话。可是，你所拥有的只是形而上的体系。关于这些形而上的体系，没有东西是确定的，只是使人类绞尽脑汁而已。在你使人放弃某种东西以前，应该有更好的东西来替代它的位置。

菲勒里希斯：啊，还要继续听那种话，使一个人免于犯错，并不是使他失去某种东西，而是给他某种东西。因为“知道某个东西是假的”就是一种真理。没有任何错误是无害的，迟早会为隐藏错误的人带来不幸。所以不要欺骗任何人，对自己不知道的东西要坦白承认无知，让每个人为自己想出自己的信条。

德谟菲利斯：这种排他主义完全违反人性，破坏一切社会秩序。人是形而上的动物，就是说，人的形而上需要比任何其他需要更迫切。于是人尤其可以根据生命的形而上意义来看生命，并且希望通过这一点来看一切东西。因此从所有教条都不确实这一点看来，不管听起来多么奇怪，然而种种基本形而上观点的共同一致是对人类而言最重要的事情。因为只有在一致同意这种形而上观点的人们之间才能建立真正而长久的社会结合。

社会组织、国家只有建立于某一得到普遍承认的形而上体系时才是稳固的。这种体系自然只能是民间形而上学即宗教。那么它与国家法律及人们生活的所有社会表现联系在一起，正如与个人生活中所有庄严行动联系在一起一样。如果宗教不曾重视政府当局和统治者的尊严的话，社会组织就很难存在。

菲勒里希斯：啊，是的，当君王们再也没有别的东西可用时，便把上帝当作妖魔鬼怪来哄骗自己的孩子上床睡觉，这就是他们把上帝看得如此高的缘故。很好，但是我要劝告所有统治者每隔半年选一个日子坐下来好好读一读《撒姆耳前书》第15章，以便记住用神坛支持王座是什么意思。而且由于神学的最后论证即火刑柱已经没有用，所以政治上采用这种方法的效果也大大地减少了。

因为，宗教好像萤火虫一样，需要黑暗来显出它的光亮。某种程度的普遍无知，是一切宗教存在的条件，是唯一使宗教能够保存下去的因素。也许我们常常预期的一天终会到来，那时候，宗教会离欧洲人而去，就像孩子长大了，护士保姆离去一样，此后要归老师来教导。

信条只基于权威，而奇迹和启示无疑又只适于人类孩提时代的短期帮助。我们必须承认，物质和历史资料提供的种种表明，现在一个并不比花甲之人老一百倍的种族仍然处于最初的孩提时代。

德谟菲利斯：啊，如果你不怀着掩不住的愉快心情来预言基督教末日的话，只要你想一想基督教对欧洲人的贡献有多大就好了。欧洲人从基督教那里得到一种前所未有的景况，这种景况是从关于根本真理方面的知识而来的，而这种知识告诉我们，生命本身不是目的，我们存在的真正目的在生命之外。

由于希腊人和罗马人把人存在的真正目的完全放在生命以内，所以从这方面来说，他们可以被称为"盲目的异教徒"。他们所有的德行都可以归结为对社会做有质量的贡献，亚里士多德明确地说："那些对别人有用的德行，必然是伟大的德行。"

基督教使欧洲人跳出这种短暂而不稳定的存在。过去，希腊人和罗马人忘记了人生严肃、真正而深刻的意义，他们像长大的孩子一样，毫无意识地活着，直到基督教到来才使他们恢复生活的热情。

菲勒里希斯：要想评断它如何"成功"，我们只需把古代和中世纪比较一下就可以了，也就是说，只要把伯里克利[7]时代和14世纪比较一下就可以了。你根本想象不到自己在讨论同一种族。

在前一情形下，表现人性最美好的展开，有最好的国家组织、明智的法律、公正的司法行政、合理化的自由，一切艺术以及诗歌和哲学都达到巅峰状态时创造的作品，数千年之后仍然是这方面无可比拟的典范，几乎是我们永远无法赶上的更高一等的生物的作品。同时，与我们在色诺芬[8]的《飨宴》[9]篇中看到的一样，最崇高的社会情谊把人生美化了。

现在请看看基督教会束缚人心和胁迫人类身体的时代，在这个时代，骑士和教士可以把生活中所有沉闷辛苦的工作摆在第三阶级的平民的肩上。在这里你可以发现所谓优势、封建制度与宗教狂热密切结合，带来可怕的无知和心灵的愚昧，结果就产生了不容忍、信仰上的争论、宗教战争、十字军、异教徒的迫害和审判。

在这期间，社会风气倾向于残忍而愚蠢的骑士精神，怪诞的言谈和骗人的胡说变成了一套有系统的东西，社会上充满了堕落的迷信，对女人则表现出装模作样的崇敬。毫无疑问，和中世纪比起来古代人比较宽容。并且，古代人也非常具有容忍的精神，他们很重视公理正义，常常为国家而牺牲自己并且表现出种种高尚行为和真正的人道精神。

对今天的人们来说，认识他们的思想和行动，就称为人文学科的研究。他们容许男色，这固然是应该指责的，也是今人对古人道德方面所做的主要指责，可是，与基督教许多令人憎恶的事实比起来，则是微不足道的小事。我曾经说过，这种事情在今天不太明显，但是，当你考虑过所有这种现象以后，还能认为基督教促成了人类道德上的进步吗?

德谟菲利斯:如果实际结果并没有完全符合教义的纯粹真理,这可能由于教义太过崇高太过高深,非人类所能接受,因此它的目标摆得太高了。当然,异教徒道德,例如伊斯兰教道德就容易遵守。越是高尚的东西,往往越容易被滥用和蒙骗。因此这些崇高的教义有时也被用作最残忍的行动和邪恶行为的借口。

菲勒里希斯:对宗教所产生的益处和害处,做一个合理公平而正确的评断的确是非常有用的探讨。但这个工作需要更多的历史和心理数据,我们现有的资料远远不够用。学术机构可以把这个当作悬奖论文的题目。

德谟菲利斯:他们不会这样做。

菲勒里希斯:奇怪,你竟然这样说,因为这是宗教方面一种坏的表现。只要统计学家告诉我们每年有多少犯罪由于宗教原因而避免,又有多少犯罪由于其他原因而避免的话,那么由前者导致的犯罪可能会更少。

因为当一个人想作奸犯科时,他所考虑的第一件事是因犯罪而带来的承罚以及获得承罚的可能性;第二件事是考虑名誉的损失。如果我的看法没错,他会对这两点先做考虑,然后才考虑到宗教问题。不过,如果他能克服这两个犯罪障碍,我相信，仅有宗教原因，是很难吓阻他的。

德谟菲利斯：但是，我相信，宗教会时常吓阻犯罪，尤其是当宗教的影响力早已透过习惯的媒介而普遍发生作用时，更是这样。因此一个人会直接由于宗教的原因而不敢做出任何罪恶行为。因为早年的印象是经久不变的。

菲勒里希斯：假使政府此时突然宣布废止一切有关犯罪的法律，我想，你我都不敢仅在宗教保护之下单独回家。可是，相反，如果同样宣布一切宗教都是不足信的，在法律保障之下，我们还是和从前一样生活，不需做任何特殊的防备。可是，我还要进一步说，各种宗教对道德常常产生不良的影响。我们可以把这种情形归结为一个概括的公式，即凡是给予上帝的东西都是取自于人，因为我们很容易以对上帝的阿谀代替对人的正当行为的赞扬。

所有宗教之都会很明确地表示，信仰、寺庙仪式和各种祭祀比道德行为更为神意所关心。的确，尤其是当它们与教士的报酬连在一起时，前者便渐渐被视为后者的代替品：杀牲、做弥撒、建教堂或在路旁立十字架等，立即成为最有功德的事情。因此，这些行为甚至补偿了最严重的犯罪，正如苦修、服从教士权威、忏悔、朝圣、捐助教堂寺庙及僧侣教士、建庙宇等等一样，最后教士僧侣好像是人类与可被收买的神做交易时的中间人。

即使不到这种程度，可是，哪一种宗教的信徒不把祈祷、赞美和各种奉献行为至少当作道德行为的部分代替品呢？可是，现在我们要回到主要问题上来。你提出人类强烈的形而上的需要这一点，当然是对的，但是对我而言，与其说宗教满足了这种需要，不如说是滥用这种需要。总之，我们知道，在促进道德方面，宗教的作用大部分是不可靠的，可是它的不良影响，尤其是它所带来的暴行却非常明显。

的确，如果我们把宗教的效用看作王位的支撑，这个问题就产生另一种形势，由于上帝的恩宠，神坛与王位紧紧地结合在一起，所有聪明的君主，只要爱他的王位和家庭，往往会在自己的子民面前表现自己是具有真正宗教信仰的人。

德谟菲利斯：好啦，在我费尽一切努力之后，无法改变你对宗教的态度，可是我也要告诉你，你所引证的一切东西，也不能动摇我对宗教价值的信心。

菲勒里希斯：我相信你的话。因为《赫第布拉斯》[10]中有言：

一个被说服而违反自己意志的人仍然持同样的意见。

但是，我觉得有所安慰的是：辩论和矿泉浴一样，唯一真正的效果是后效。

德谟菲利斯：希望你获得可喜的后效。

菲勒里希斯：只要我能接受某一西班牙谚语，就能达到你的愿望。

德谟菲利斯：是哪一个谚语？

菲勒里希斯：Detras da la cruz esta el Diablo.

德谟菲利斯：用英文怎么解释？

菲勒里希斯：魔鬼站在十字架之后。

德谟菲利斯：我们不要互相讥讽而别。我们要了解，像门神一样，像婆罗门教中的死神一样，像阎罗王一样，宗教具有两面，一面是和善的，另一面是令人气馁的。而你注意到其中一面，我注意到另一面。

菲勒里希斯：你说得对，老先生！

注释

1 布鲁诺（1548—1600），文艺复兴时期意大利哲学家，因异端而被活活烧死。

2 瓦尼尼（1584—1619），意大利哲学家，因无神论和亵渎上帝的言论而被活活烧死。

3 印度暗杀团，一种强盗和杀人犯的宗教组织，始自13世纪，1828—1835年间消亡。

4 伊拉斯，古希腊城市名。

5 帕斯卡（1623—1662），法国哲学家、数学家。

6 马尔布兰基（1638—1715），法国哲学家。

7 伯里克利（约前495—前429），古雅典伟大的政治家、大将军及演说家，在他领导之下古雅典达到文化国势的巅峰状态。

8 色诺芬（约前430—约前354），古希腊历史学家、作家。

9 《飨宴》是一篇对话，这篇对话以苏格拉底为主。

10 《赫第布拉斯》，英国诗人布特勒（1612—1680）所作的讽刺叙事诗。

论不朽的根本存在

一

你们应该读读尚保罗[1]的作品《瑟琳娜》[2]，这样，就可以知道一流作家如何想借错误观念来讨论自己认为无意义的东西，虽然他不断为这些自己无法忍受的荒谬思想所困扰，可是并不希望摒除这错误观念，因为他曾经渴望获得它。这里所说的观念是指我们个人意识死后，持续存在的观念。尚保罗在这方面的努力显示出，这种观念并非像一般人所想的，不是有益的错误，而是有害的错误。

因为灵魂和肉体之间不真实的对立以及将整个人格提升到对永恒存在之物的主导地位之上，从而让我们不能对那不受时间、因果关系和变化影响的我们的内在生命的不可毁灭性获得真正的认识。而且这种错误观念甚至也不能看作真理的代替品，因为理性不断地指出其中的荒谬、不合理，因此也不得不摒除和它联系的真理。因为，就长时间而论，只有在一种纯粹无杂染的状况下，真理才能继续维持下去。如果包含错误，便多少带有错误的脆弱性。

二

在日常生活中，如果有人问你有关死后持续存在的问题，这个人又属于那种希望知道一切事物却不学习任何东西的人，那么最适当而接近正确的回答是：“在你死后，你将是自己未出生时的东西。”因为这个答案含有下述意思：如果你要求一种存在有起始而没有终结的话，那是荒谬的。不过，它还含有一种暗示，即世界上可能有两种存在，也有两种虚无和它相对。

可是，你也可以回答：“不管你死后成为什么，即使化为虚无也会像你现在的个别有机体的情形一样自然而恰当。于是你最需要担心的是转变的时刻。的确，如果我们对这个问题进行进一步的思考，就会得到一个结论：像我们人类这样的存在，宁可不存在。因此，我们不再存在的这个观点，不再存在于其中某一时间的观点，从合理的角度来看，就像所谓从未出生这个观点一样，对我们根本没有什么困扰。现在，由于这个存在本质上是个人的存在，因此，人格的终结不能视为损失。”

三

如果我们想象一种动物能够观察、认知和了解一切事情，那么，关于我们死后是否存在的问题，对这种动物而言也许没有任何意义。因为在我们当下个别的存在状态之外，存在与否不再有任何意义，只是彼此无法区别的概念而已。因此所谓毁灭的观念和持续存在的观念，都不能用在我们固有的本质存在即物自体上面，因为这些观念都是从时间范围内借用的，而时间又只是现象的形式。

我们也可以想象我们的表面现象之下这个核心的不可毁灭，只是它的持续存在。同时，只要我们在本质上根据物质世界的结构来看，也可以想象这个核心及其一切形式的变化，是仍然牢固地存在于时间中的东西。

现在，如果我们否认这个核心持续存在，那么根据形式的结构，我们把自己在时间上的终结看作一种消灭，设若产生它的材料没有了，这个“消灭”也就不见了。不过，两个观念都是现象世界的形式转变到物自体，从一种非持续存在到不可毁灭，甚至连抽象观念也难得建立，因为我们缺乏所需要的一切直觉知识。

不过，事实上，许多新东西不断产生以及早已存在的东西不断消灭，应该视为一种由两片透镜装置（大脑作用）所产生的幻象，我们只能透过这个装置来看一切东西，它们是空间和时间以及两者的彼此透入即因果关系。因为我们在这些条件下所知觉的一切东西只是现象，所以我们不知道事物本身像什么，就是说，除了对它们所产生的知觉之外，我们不知道它们本身像什么。这就是康德哲学的真正中心思想。

四

我们怎能相信当一个人死亡时，某一东西本身便消灭了呢？人类直觉地知道，当这种情形发生时，这只是时间中的终结现象，只是一切现象形式中的终结现象，事物本身即物自体根本没有受到影响。

我们都觉得，我们并非任何人从无中创造出来的东西。从这里便产生一种信念：虽然死亡可以结束我们的生命，却无法结束我们的存在。

五

你越是明显地感觉万物的脆弱、空虚和梦幻，便越是明显地感觉到自己内在生命的永恒。因为，只有与此相反时，上述万物的性质才是显然的，正如只有看着不动的河岸而非船只本身时，才能看到行船的速度一样。

六

所谓“现在”具有两方面：客观的一面和主观的一面。只有客观的一面才直觉到时间是它的形式，因而像逝水一样向前奔流。主观的一面则固定不动，因而永远是一样的。只有基于这一点，才能使我们对久远的过去产生活生生的回忆，同时，尽管我们知道自己存在很短暂，然而也使我们对自己产生了不朽感。

只要我们是活着的，就总是处在时间的中点绝不会处在时间的终点，从这一点我们可以推知，每个人内心都带有无穷时间的不动中点，让我们具有活下去的信心，而不再感到死亡恐惧的主要的就是这一点。

凡是通过自己的记忆力和想象力能明显地回想自己生命中久远过去的人，将比别人更能感觉到整个时间中许多当下的相同片刻。由于这种对当下片刻相同的感觉便把短暂的片刻理解为唯一持续存在的东西。

凡是以这种直觉方式来了解现在的企图，都来自我们内心因而来自于内而非来自于外，我们都无法怀疑自己内在生命的不可毁灭。我们应该说，当一个人死亡时，这个客观世界及其表现的媒介物即心智，对他来说，虽已失去，他的存在却不会受此影响。因为他的内心具有和外界一样的真实。

凡是不承认这一点的人，就不得不提出相反的看法：

“时间是一种完全客观而真实的东西，完全独立于‘我’。我只是偶然被投入时间之中，我占有时间中的一小部分，因此才获得瞬息的真实，就像现在不复存在的千千万万的别人在我之前所获得的一样，而我也将迅速化为虚无。可是在另一方面，时间则不同，时间是实在的东西，没有我，时间一样流逝。”

我想，这个看法的基本错误，只要明白地表示出来，就会成为显然的例子。

的确，这些话都是表示，生命可以看作一个梦，而死亡则可以看作从梦中觉醒。但是，我们应该记住，人格、个人是属于梦的那种朦胧意识的而非属于觉醒意识的，这就是个人会感到死亡是一种毁灭的原因。无论如何，从这个观点看，死亡不应被视为过渡到另一全新而自己不认识的状态，应该把死亡看作回到自己原来的状态，生命只是暂时离开这个状态而已。

的确，死亡时人的意识消亡了，但是，那一向产生意识的东西，却一点儿也没有消灭。因为意识主要基于心智，但心智又基于某种心理过程，这显然是大脑的作用，因而受神经和肌肉系统的共同作用所限制，说得更正确一点儿，受心脏所滋养、推动和不断刺激的大脑所限制，通过大脑巧妙而神奇的结构便产生客观世界的现象和人类的思想活动。

前面所说的大脑神奇巧妙的结构，只有生理学可以理解，解剖学是无法理解的，解剖学只能加以描述。我们不能离开某一具体的生命而想象特定的某个个别意识，就是说，我们不能离开某个具体生命而产生任何一种意识，因为作为整个意识先决条件的认识作用，必然是大脑作用——正确地说，因为大脑是心智的客体形式。现在，从生理学观点看，即从经验事实看，亦即从现象领域看，心智是一种次要的东西，是一种生活过程的结果，所以从心理学上看，它也是次要的，也是与意志对立的，而只有意志才是主要的和无所不在的原始因素。

所以，由于意识不直接附着于意志，只受心智所限制，而心智又受有机体所限制，所以毫无疑问地讲意识因死亡而消灭，就像因睡眠或任何昏厥或昏迷现象而消灭一样。但是不要泄气吧！因为这又算哪一种意识呢？即使意识在人类身上已达到顶点，然而，就人类与整个动物世界共同具有这种意识而言，我们可以说，这是一种大脑意识，一种动物意识，一种受到更多束缚的动物的意识。

从起源和目的上看，这种意识只是便于动物获取所需。相反，另一方面，死亡使我们恢复的状态就是自己本来具有的状态，即存在的内在固有状态，这一状态的运动的原则表现于现已消灭的生命产生与维持中，这是一种物自体的状态，与现象世界是相反的。在这个最初状态中，像大脑认识力这种暂时的代替物，完全是多余的，这正是我们会失去它的缘故。

对我们来说，动物意识消失和现象世界不再存在是一回事，因为动物意识只是现象世界的媒介，也只有作为现象世界的媒介，它才是有用的。即使在这个最初状态中，我们也保持着这种动物的意识，其实我们应该像复原的跛者抛弃拐杖一样抛弃它。所以凡是惋惜将要失去这种只适于产生现象的大脑意识的人，可以和来自格陵兰的改变信仰者相比，当这些改变信仰者得知天国没有海豹时，就不愿进入天国。

再者，这里所说的一切都基于一种预设，即我们能够想象一种并非无意识而只是认知的状态，具有一切基本认识形态的表征，主客分开，分为能知与所知。但是，我们必须认为，这种能知与所知的形式只受我们的动物天性的限制，也是次要的和引申的，因此根本不是整个基本存在的最初原始状态，因此它的构成可能完全不同，然而并非是无意识的。就我们能够彻底深入其中而言，我们内在固有的实际生命只是意志，而在意志本身中丝毫没有认知作用。

如果死亡使我们失去心智，心智就转变为本来无认知作用的最初状态，不过这个最初状态不只是无意识状态，而且是一种提升到超乎形式的状态，在这种状态中主客对立没有了，因为在这里认识的对象和认识者是分不开的，而一切认知的基本条件即主客对立也就消失了。

七

现在，如果我们不再向内看而再次向外看，并对呈现于自己面前的世界采取客观的看法，我们就毫无疑问地把死亡看成一种向虚无的转化。可是，在另一方面，出生则表现为从虚无而来的创生。但两者都不是无条件地真实的，因为它们只具有现象世界的真实。

所谓在某种意义下死后还活着的看法，并不比每天看到的生殖现象更神奇。凡是逝去的东西都回到一切生命的发源之处，包括它本身的生命。从这个观点看，我们的生命应视为从死亡借来的债务，睡眠是每天对债务付出的日息。

死亡显然是个体的毁灭，可是在这个个体中却含有新生命的种子。因此没有一个逝去的东西是永远逝去的；但是，没有一个新的东西是获得根本新的存在物。逝去的东西固然消灭了，但种子仍然留了下来，从这个种子中又产生新生命，然后这个新生命来到世上，既不知道自己从何而来，也不知道自己为什么是这个样子。

这是再生轮回的神秘，它告诉我们，所有活在现在的东西里面都含有一切活在未来者的现实种子。因此从某种意义上说，这些东西早已存在。因此一切生命力旺盛的动物似乎都对我们说："你为什么悲叹生命的短暂呢？如果在我之前，所有的同类不曾逝去的话，我怎能存在呢？"

不管这个世界大舞台上出现的戏剧和面具变化有多大，可是出场的演员总是那些人。现在，我们坐在一起高兴谈论，我们的眼睛更光辉，我们的声音更尖锐，千年以前，别人也和我们一样坐在这里谈论同样的事、同样的人，千年之后也还会是这样，我们不能直接感受这一点都是因为时间。

幸好我们在转生轮回与再生轮回之间做了明显的区分，前者是整个所谓的灵魂转化为肉体，后者是只有意志还持续存在的个体的分解和重建，并且由于个体中的意志采取新生命的形态，所以获得了一种新的心智。

自古以来，都是男性贮藏意志，女性贮藏心智。因此每个人都有父亲和母亲两方面的因素，这些因素经过生殖过程而结合在一起，因死亡而再度分裂，这是个体的消灭。我们感到非常悲伤的就是个体的死亡，因为我们觉得，我们彻底失去了他，过去他只是一种混合物，如今这个混合物已无可补救地分解了。然而，尽管如此，我们也不要忘记，从母亲那里得到心智，不像从父亲那里得到意志那样牢固和不讲条件，因为心智是次要的，也只是物质层面的，而且心智完全依赖于有机体。

因此我们可以从两种相反的角度去看待每个人。从一种角度看，他的生命是短暂的，会犯错也有忧伤，他起始于时间之中，也终结于时间之中；可是从另一种角度看，他是不能消灭的，他是在事物中客观化的原始生命。

八

色拉叙马霍斯：总而言之，我死后要变成什么呢？请明确地回答我。

菲勒里希斯：变成一切东西，也可以说成为虚无。

色拉叙马霍斯：如我所料，对解决问题来说，这是一个矛盾。那种技巧是用得不能再用了。

菲勒里希斯：用表达内在知识的语言去回答超越的问题，当然会产生矛盾。

色拉叙马霍斯：你所谓“超越的”，到底是什么东西？你所谓“内在的”，又是指什么东西？我也熟悉这些词语，我从教授那里学到这些词语，不过只是把它们当作表示上帝属性的词语，我老师的哲学是完全讨论上帝的。如果上帝在这个世界中的某一地方，他就是内在的，但是如果他在世界之外，便是超越的。

好啦，这是显然的，也是你能把握的东西！你知道自己因此而处在什么地方。但是没有人再能了解你的旧式康德术语。我们想想，它有什么意义呢？

菲勒里希斯：所谓超越的知识是指那种超越一切可能经验而力求确定事物本性的知识。相反，所谓内在的知识则指那种限于可能经验范围之内因而只能表示现象的知识。就个体而言，你会随着自己的死亡而消逝。但是，你的个体并非你的根本生命，只是根本生命的表现而已。你的个体不是物自体，只是物自体的现象形式，这种现象形式表现于时间之中，因而具有起始和终结。

而你的本体物自体既不关乎时间，也不关乎起始和终结，更不处在某一特定个体的范围之内。因此没有任何个体可以排斥它，它存在于每个人身上和每个地方之中。所以从前一种意义看，当你死亡时，你会归于无物。可是从后一种意义看，你会变为一切东西。这就是为什么我说你死后会成为一切东西，也会归于无物。你的问题，很难有比这更好和更简单的答案，虽然这个答案有矛盾，而它之所以有矛盾，正是因为你的生命在时间中而你的不朽却在永恒中。因此你的不朽也可以称为不可毁灭性，称为没有持续存在的不可毁灭性——这又是一种矛盾。

色拉叙马霍斯：好吧，如果没有包含我这个个体的持续存在，我不会付出代价来换取你所谓的不朽。

菲勒里希斯：但是，也许你愿意稍做交易。假如我保证你的个体能持续存在，不过有个条件，就是先要保持三个月的完全无意识深眠。

色拉叙马霍斯：我同意这一点。

菲勒里希斯：但是，由于我们是完全无意识的，所以丝毫感觉不到时间流逝，因此当我们处在深眠状态时，在意识世界中，无论是三个月还是一万年，对我们来说都一样。因为在两种情形中，当我们醒来时都要自己说服自己已经睡了很久。因此无论你的个体性在三个月以后还是一万年以后恢复，对你来说都一样。

色拉叙马霍斯：这确实不容易否认。

菲勒里希斯：可是，如果在一万年之后忘记把你弄醒，我想，这不会是一件很大的不幸，因为你不存在的那段时间和短暂的存在期比起来，显得非常长，你会完全习惯于不存在的那段时间。无论如何，我们可以确定地说，你根本不会想到自己没有被弄醒。如果你知道推动你现在的现象形式的神秘机构在这一万年中一刻也不曾停止产生和推动其他同样现象，你会对这种情形感到完全满意。

色拉叙马霍斯：不，你无法用这种方法骗取我的个体性。我曾坚持要求以我个体性的持续存在为条件，我无法因机械论及其现象而对它的损失无动于衷。我，我，我要存在！那是我希望的，不是先要说服别人相信自己具有的一种存在。

菲勒里希斯：可是，只要你看看周围就会知道，喊着“我，我，我要存在”的不只是你一个人而已；一切东西都具有意识。因此你心中的这种欲望正是万物共有而非个体特有的欲望，这个欲望并非来自个体性而是来自于人本身，是一切存在之物所固有的，也是一切东西存在的理由，因此借存在本身而得到满足。这种欲望所追求的就只是这个东西而不是某种特定的个别存在。

如此强烈地伸展自身的存在的东西，只有从间接上看才是个体！从直接和根本上看则是意志本身，这在一切东西中都是一样。存在本是自由活动，其实它只是意志的反映，所以无法剥夺这种意志的反映。

不过，就那永远不曾满足的东西可以获得彻底满足而言，意志仅仅是获得暂时的满足。对意志来说，一切个体性都无关紧要；表面上来看，意志似乎关心个体性，可实际上，它并不关心个体性，因为除了在自身以外，个体对意志没有直接的认识。这种情形的结果使个人比在不同情形下更留意维持自己的存在，因而也保证种族的持续存在。

从这一点我们可以知道，个体不是一种完美，而是一种缺陷，因此摆脱个体性不是一种损失而是一种收获。因此你不必为此而烦恼，真的，如果你知道自己的生命深处就是你所体现的普遍生命意志，那么对你来说，这种烦恼似乎是幼稚可笑的。

色拉叙马霍斯：幼稚和可笑的是你自己以及所有哲学家，像我这样成熟的人，花费15分钟时间和这种傻子在一起，简直是浪费时间。我还有更重要的事情要做。再见！

注释

1 尚保罗（1763—1825）原名为约翰·保罗·弗里德里希·李希特，尚保罗为他的笔名。他是当时最有名的德国作家之一。

2 该书在尚保罗死后两年即1827年出版，是一部不成功的作品。他决定不接受基督教，他发现有很多信念无法放弃，例如对不朽的信念。可是，这个不朽的信念除了作为他所反对的基督教的成分之外再不可能有任何其他的想法。

论本体与现象的对立

一

所谓物自体就是本体，是指独立存在于我们知觉之外的东西，是指真实存在的东西。古希腊哲学家德谟克里特创立原子论，认为物自体是物质，这也是后来洛克所说的东西，康德认为它是不可知的超越的存在物，我认为它是意志。

二

正如我们只认识地球表面而不认识地球内部的大量固体物质一样，我们在经验上对宇宙万物的认识，除了它们的现象、表面以外，就再没有别的了。对这种有关表面现象的正确知识，构成了物理学即广义物理学。但是，这个表面却要先假设一种既构成外观还有具体内容的内部，这个假设以及关于内部性质的许多推论则构成形而上学的主要课题。

要想根据表面法则来解释物自体的本性就等于要透过外观

与适用于外观的法则来解释实体一样。所有独断的超越论哲学都想根据现象法则来解释物自体，这好像是想使两个极端不同的物体彼此涵盖一样，这种想法常常失败，不管你怎样转变它们，最终都不会圆满。

三

由于自然中的一切东西都既是现象又是物自体，或创造的自然和被创造的自然，因此都可以从两方面加以解释，一方面可以做物理学的解释，另一方面也可以做形而上的解释。物理学的解释往往运用“原因”，形而上的解释则往往运用“意志”；因为出现于无知觉自然中的自然力量以及更高一层的生命力，在动物和人类身上都表现为意志。

所以，严格地说，人类所具有的智慧的多少和倾向以及道德性格的构成都可以归结为纯粹的物理原因，前者基于大脑和神经系统的构造以及影响他们的血液循环，后者基于心脏、淋巴系统、血液、肺脏、肝脏、脾脏、肾脏、肠子、生殖器官等的构造和综合效果。

我承认这需要一种甚至比毕查德[1]和卡班尼斯[2]在支配物质与道德间关系的法则方面所认识的更为正确的知识。因此两者可以追溯到更远的物理原因，即父母亲的身体结构，因为这些只能给同类提供种子，不能对更高一层或更优秀者提供种子。

另一方面，从形而上学的立场上说，同一个人应该解释为他自身的虚灵存在方式，即完全自由的和最初的意志，这个意志为自身创造了最合身的智慧；因此他的一切行动，虽然必定是他性格的结果，而他的性格在任何时间又与作用于他的刺激相冲突，虽然是他的本性导致的实质的结果，然而却要完全归因于他的本性。

四

当我们认识和思考任何动物的生命活动时，尽管动物学和动物解剖学告诉我们许多东西，却仍然觉得这是一种深不可测的奥秘。

大自然就因为绝对无情而永远对我们人类的询问没有任何反应吗？难道大自然不像一切伟大事物一样是开放的，传达消息的甚至纯真的吗？大自然未能回答我们的询问，除了我们问错了问题以外，是否还有其他原因呢？除了我们的问题是基于错误的假设以外，是否还有其他原因呢？除了我们的问题中隐藏着矛盾以外，是否还有其他原因呢？

我们能不能认为原因和结果之间的关系可以存在于本质上永远无法发现的自然中呢？不，当然不能。大自然是深不可测的，因为我们是在一个没有包含这种形式的领域内寻求原因和结果。

我们试图根据充足理由原则来了解表现在我们面前的种种自然现象的内在本质。可这只是我们的智慧借以了解现象即事物表面的方式，而我们却希望把它用在现象领域之外，因为在这个范围之内，它是有用而充分的。

例如，我们以动物的生殖来解释特定动物的存在方式。从根本上看，这并不比从原因产生结果更神秘，即使最简单的结果也是如此，即使在最简单的情形下，这种解释最后也会发现不可理解的东西。在生殖的情形下，我们缺少因果关系中另外两个阶段，这种情形并没有产生根本差别，因为即使我们拥有它们，最后也会不了解，因为现象仍然是现象，不会变为物自体。

五

我们埋怨自己生活在黑暗之中，我们根本不了解存在的一般性质；尤其不了解我们的自我与其他存在的关系。不但我们的生命短促，而且我们的知识也完全限于这短暂的生命，我们既不能知道自己来到这个世界之前的情形，也无法知道自己离开这个世界之后的情形，所以我们的意识好像是那道照亮黑夜的闪光，可短暂的生命却像魔鬼一样恶毒地不让我们获得进一步的知识，我们只能陷于困苦失望之中而无法获得快乐。

可是，这种埋怨并不合理，因为它产生于由错误前提所带来的错觉，即认为所有事物都来自一种思维能力，因而在它成为现实的东西以前都以观念方式存在。根据这个前提，我们认为一切事物既然都是来自于知识领域，一定都可以受到知识的影响，都可以加以解释，都可以借助知识而完全了解。但是，事实的真相恐怕是：所有我们埋怨自己不知道的东西是任何人都不知道的，这确实无法想象。

因为，一切知识所在、一切知识所属的观念只是存在的外在一面，是次要的东西，就是说，它们并非为保全事物本身所必需的东西，也不是为了保全宇宙整体所必需的，只是为保全个别重物所必需的。因此，整个事物的存在只是进入了知识领域的表面，因而只达到有限的程度，只形成动物意识中描述的背景。

意志的目标是主要因素，所占据的地位也最重要。因此，透过这个表面就产生了整个时空世界、观念世界，这个时空世界、观念世界在知识领域之外，它根本不具有这种存在。既然知识的存在只是为了保全每一种个别的动物，那么它的整个结构，它的一切形式如时间、空间等都只能用来满足这种个体的目的。而这些只需要关于个别现象之间关系的基本了解，根本不需要关于事物基本性质和整个宇宙基本性质的知识。

康德曾经表示过，多少困扰着每个人的形而上学问题不可能有任何直接的解决方法，也根本不可能有任何令人满意的解决方法。造成这种情形的缘由是这样的：它们的根源在我们理智的形式中，在时间、空间和因果关系中，而这个理智只用来把种种刺激指示给个人意志，将欲望的目标指示给个人意志，也是将掌握这些目标的方法指示给个人意志。

但是，如果滥用理智来认识事物的本体及其整体和内在结构，一切可能事物的邻接、连续和相互依赖形式就会产生形而上学的问题，诸如起源和目的问题，世界的开始和终结问题，个人的起始和终结问题，由死亡带来的个人自我的消逝问题，或尽管死亡而个人自我仍旧存在的问题，意志自由问题等。

如果我们以为这些形式有过变动，对事物的意识却仍然存在，这些问题就是不存在的虚假问题，谈不上解不解决。如果它们完全消失，表达它们的语言就不再有任何意义。因为它们完全来自于这些形式，其目的不是了解世界和存在，只是为了了解我们自己。

整个这种看问题的方式给我们带来对康德理论的一种解释和客观证明，证明理性的各种形式只能加以内在的运用，不能超越地运用，即只能用在经验范围以内，不能用在经验范围之外，康德本人只是从主观的观点证明这个看法。

因为我们可以不用这种方式表示，我们可以说：理智是形而下的，不是形而上的，也就是说，由于它与意志的客观化有关，因而始于意志，所以它的存在只受意志支配。不过，这种支配只涉及自然中的事物，不涉及自然以外和超自然的事物。

显然，动物只具有发现和觅取食物的智慧；动物的智力高低取决于这个目标。在人类身上，也没有不同；只是人类自保的更大困难以及需求的无限增大使人类必须具备更多的智慧。只有当这种智慧由于反常情形而过量时，才出现一种不被役使的丰富智慧，这种智慧变得相当多时，便称为天才。这种智慧首先成为客观的，甚至在某种程度以内还可以继续变为形而上的，或至少力求变为形而上的。

因为其客观结果是：自然这个一切事物的总体现在都变成了智慧的题材、问题的发源地。依这种智慧看来，自然开始自觉为一种既存在而又不能存在或可能为另一种存在的东西。可是，在普通人看来，在只具有一般智慧的人看来，自然没有明显的自觉，就像磨坊主听不见磨坊的声音或制造香料者闻不到香味一样。对具有一般智慧的人来说，自然只是一种理所当然的东西。

人只有在比较明晰的某些时刻才会知觉到自然，因而几乎一见就怕，可是这种感觉很快就消失。即使这种平常人成千上万地联合在一起，然而他们在哲学方面所能成就的也很容易想象。可是，如果理智是形而上的，如果理智的渊源和能力是形而上的，就可以促进哲学发展，尤其是它的力量组合在一起时，还可以促进所有其他学科发展。

注释

1 毕查德（1771—1802），法国解剖学家和生理学家。

2 卡班尼斯（1757—1808），法国医生和医学方面的作家。

论哲学与智慧

一

一切知识和学问的基础都是无法解释的东西。每一种说明解释，尽管经过多多少少的中间阶段，但最后总要归结到这个无法解释的东西；正如测水深度的铅锤一样，当它接触海底时，有时候深一点儿，有时候浅一点儿，但总要到达海底。研究这个无法解释的东西，就创造了形而上学。

二

意志支配理智，而现实效用则支配意志，认清这一点就会发现，存在于这个世界的，是个别事物；对从事艺术和科学工作的智慧而言，对为自身原因而活动的智慧而言，存在于这个世界的只是共相，事物的种、属、类以及事物的观念。即使是雕刻家，在他刻画个体时，也是希望刻画观念、类属。

造成这种现象的原因如下：意志直接追求的只是个别事

物，个别事物是意志的真正目标，只有个别事物才具有经验的实在。相反，概念、种、类只能成为意志的间接对象。这就是为什么普通人不了解普遍真理的缘故，也就是天才忽略和不重视个别事物的缘故。对天才来说勉强关注那些构成现实生活内容的个别具体事物是一种沉重的负担。

三

进行哲学思考的两个必要条件是：第一必须有勇气面对任何问题；第二对任何似乎理所当然的事物有清晰的认识，从而可以把它当作问题。最后，如果真要进行哲学思考，我们的心灵还要真正地解脱，不应追求特殊的目标或目的，不受意志引诱而是完全致力于知觉世界及其自身意识传达的信息。

四

诗人以生活和人类性格以及人类处境中的形象表现想象，他使这些形象生动化并让观赏者的思想尽可能地被这些形象所占据。这就是为什么诗人能够吸引一切贤愚不等的各色人物。相反，哲学家所表现的不是生活本身而是从生活中抽象出来的思想，因此哲学家所需要的是希望读者尽可能地像自己一样思考。这就是哲学家的读者很少的原因。这样一来，诗人可与献花者相比，而哲学家则可与提取花的精华的工匠相比。

五

哲学有一个古怪而没有价值的定义：一种只含有概念的科学。甚至康德也这样说。任何一个概念的全部性质，只是从知觉知识而来的东西，这是一切知见真正无穷的根源。因此真正的哲学不能只由抽象概念构成，而应该基于内在和外在的观察与经验。哲学中任何有价值的东西也不是因综合实验与概念而来，像过去的哲学家所从事的一样，尤其像我们这个时代的诡辩家所从事的一样，所谓我们这个时代的诡辩家是指费希特、谢林尤其是黑格尔以及伦理学方面的施莱尔马赫[1]。

正如艺术和诗歌一样，哲学的根源也应该是对现实世界的知觉的理解；不论头脑在哲学事业中多么应该占据主要地位，然而哲学也不应成为冷酷的事业，应该把整个人，包括感情和理智都投进去，使整个人都受到影响。哲学不是代数学，相反，魏文那基思[2]说得对，他说："伟大的思想来自心灵。"

六

如果只能表达得诡谲精微，你只会成为怀疑论者而不是哲学家。相反，哲学中的怀疑主义就像议会中的反对党；两者都是有用而必需的。这一点基于下述事实：哲学无法产生像数学那样的自明的证据。

七

所谓理性命令是我们给某种命题的命名，这种命题，我们不必研究就可以认作真实的，同时我们自己很相信这种命题，即使我们想对这种命题做严格的考验也不可能，如果这样做就会暂时使它们落入怀疑之中。

我们完全信赖这种命题，因为当我们第一次开始有所表达和思想时，就连续地说到它们，因此它们也深植于我们内心。所以在习惯上我们时常想到它们，这种习惯和思想习惯本身一样久远，因此我们无法再把两者分开。

八

人们总是批评形而上学进步太小，物质科学进步太大，所以形而上学无法和物质科学相比。可是，其他科学中哪一种科学常常遭到对立者的阻碍呢？哪一种科学遭到全副武装的斗士的阻碍呢？如果我们希望形而上学与教义一致，形而上学永远也不会发挥它的力量。

各种宗教都已掌握人类的形而上学倾向，一方面宗教最初将教义加在形而上学方面而使其麻痹，另一方面则禁止和排斥形而上学中一切自由而不受限制的表现。因此对人类最重要和最有兴趣的问题的研究，对人类本身存在的研究，一方面遭到间接的阻碍，一方面则由于上面所说的麻痹而在主观上不可能成立，而在这种方式之下，人类最高洁的倾向受到钳制。

九

发现真理的最大阻碍不是事物所表现而导致错误的虚假外观，也不是由于推理能力的弱点而是由于先入为主的成见、偏见，这些东西阻挡了真理之路，所以像逆风把船舶吹离陆地一样，船上虽有风帆和方向舵却没有用。

一〇

普遍真理与特殊真理之间的关系就像金币与银币之间的关系，因为普遍真理可以转变为许多由它而来的特殊真理，就像金币可以变为许多小零头一样。

一一

从一个命题出发，除了这个命题中早已含有的东西以外，除了完全表达它的意义时本身所包含的东西以外，不可能得出更多的东西。可是，如果从两个命题出发而这两个命题又联结在一起形成一个三段论的前提，那就可以得出比两个命题单独所包含的更多的东西，正如化合而成的物体可以显示出原有成分所没有的性质。逻辑结论具有价值就是因为这个事实。

一二

光线与外在物质世界的关系正如智慧与内在意识世界的关系。因为智慧与意志及意志客观化的有机体的关系，几乎和光线与燃烧物体及助燃物氧气的关系完全一样。光线越纯，其中所含燃烧物体的烟便越少，同样，智慧越纯，便越与产生它的意志分离。如果用比较大胆的比喻来表达，我们可以说生命可以看作一种燃烧过程；智慧是这个过程中产生的光。

一三

只要对自己做最简单而没有偏见的观察，再加上解剖上的事实，我们可以得到下述结论：像智慧客观化的头脑一样，智慧及与其相依的感觉器官只是受外界影响的一种很强烈的接受机制却并不体现我们原始而固有的本质。因此智慧在我们身上不像构成植物中原动力的东西或构成石块中重量和化合力的东西，在这些形式中出现的只是意志。

智慧在我们身上，就像植物对外界影响的感受性，比如对物理和光合作用以及其他有助或阻碍生长和繁盛者的单纯感受力。可是，在我们身上，这种感受力达到最强烈的程度，因而透过这种感受力，整个客观世界和观念世界便出现了，这就是它的客观化如何运作起来的情形。如果你想象这个世界上没有任何动物生命会使这种情形更为生动，那么，这个世界上不会有任何东西能够知觉它，因此便根本不会有任何客观的存在。

现在，让我们想象，许多植物从地上生出来，一个靠近一个。各种东西，像空气、风、某一植物对另一植物的压力、潮湿、冰寒、光线、温暖、电力等都开始对它们产生作用。现在，我们更想象，这些植物对这种影响力的感受力更加强烈，终将变成感觉，随之而来的便是把感觉归结为它的原因，最后会变成知觉。

因此，世界会出现于空间、时间和因果关系中，可是仍然只是外在影响力施加到植物感受力的结果。这个生动的描述使我们很清楚外界的单纯现象的存在，并使之可以为我们所了解。的确，没人愿意承认含有只能产生于外界影响力和主观感受力之间关系的知觉情形能代表真正客观的东西和那些被认为影响植物的自然力量的内在和原始结构，就是说，没有人愿意承认它能代表本体世界。因此这情形可以使我们了解为什么人类理智领域的范围如此狭窄，有如康德在其《纯粹理性批判》中所描述的。

一四

你应该尽快记下产生在自己脑海中的有价值的观念，这是不必多说的，有时候，我们甚至忘记自己做过什么事，因此也会忘记我们想过什么。不过，产生思想，不是当“我们”需要的时候而是当“它们”需要的时候。另一方面，我们最好不要模仿完全从外界接受的现成东西，仅仅学习得来的以及可以再从书本上发现的东西。因为模仿某种东西就已经是在把这种东西遗忘。

你应该严格地处理你的记忆力，这样就不会忘记服从自己的支配。例如，如果你记不起某件事情，也许是一行诗或一个字，这时不应到书上去查而是要一连几个礼拜定时借这记不起的事情或东西来磨炼记忆，直到完成它的任务为止。因为你对某件事情或东西绞尽脑汁的时间越长，一旦得到了以后，便越难忘记。

一五

我们思想的性质，其形式的价值发自于内，思想的方向及内容则来自于外；所以在任何特定时间内，我们所想的东西都是两个根本不同因素的结果。因此思想对象对心灵的关系，只是琴弦对七弦琴的关系，这就是不同的人看到同一种东西时会产生不同思想的原因。

一六

一般人的理慧多么微不足道和有限，人类意识多么不清醒，这都可以从下述事实中看出来：尽管人生短暂，尽管我们的生存不安定，尽管各方面有无数难题施加在我们身上，然而只有极少数的人不断地进行哲学思考。大多数人都活在梦中，人类的梦与动物的梦没有多大不同，唯一不同的地方是人类能够早几年做准备而已。如果说人类曾感到形而上的需要，那也是各种宗教中少数人预先注意到的。人类有了这些宗教，不管是什么宗教，都足够了。

一七

我们几乎可以认为，大部分思想都是无意产生的。通常，我们得到某一结论时，并没有清楚地想过导致这个结论的前提。从下述事实来看，这是十分明显的，有时候，发生一件事情而这件事情的结果我们无法预料，更不能估计它对自己的影响，可是却对我们的整个心情产生明显的影响，会把心情从愉快转为忧愁或忧愁转为愉快，这种情形只能是无意识思想的结果。

在下述事实中，这一点更为明显：我已熟悉某一理论或实际问题的现实资料，我不再思考它，可是往往几天以后，这个问题的答案会自动出现在心中。可是产生这个答案的活动，对我来说，仍然是一件不可理解的事，正如计算器不可理解一样。这里所发生的仍然是无意识思想。我们几乎可以大胆地做一心理学的假设，把意识范围内的思想当作发生于大脑表面的思想而把无意识的思想当作发生在大脑内部的思想。

一八

只要我们想一想生命的单调、枯燥乏味，如果不是因为不断增进知识和增长见识，如果不是因为一方面由于经验另一方面由于生活不同阶段中遭遇的变化而对一切事物获得进一步和更清楚的了解，那么在经过一段时间以后就会感到无法忍受的厌烦。尽管我们的心理能力衰退，然而“每天都有新东西产生”这句话仍然有效，并给予生命一种不断更新的魅力，在这里，同一个东西持续表现为新鲜而不同的东西。

一九

如果我们对某种事物早已有了自己的看法，那么对这种事物所产生的新观点自然会采取一种防卫的和消极的态度。因为这就像敌人攻入自己原先封闭的一套信念中，需要我们重新努力并表示以前的努力没有用了。因此凡是使我们免于犯错的真理就好比药物，良药苦口，忠言逆耳，而且良药和真理只在事后发挥效力，吸收的时候并不发挥效力。

我们就此看到个人固执地坚持自己的错误，事实上整个人变得更不可理喻。他们一旦有了某种看法，即使几百年的经验和教训也难以改变它。因此世上就有普遍而始终被人相信的错误，我们每天都看到这种错误，不胜枚举。现在我把这些错误一一列出。

1．自杀是一种怯懦行为。

2．不相信别人的人本身就不诚实。

3．价值和天才是真正谦逊的。

4．毫无见识的人很不快乐。

5．哲学思维可以学到，但哲学则无法学到。（实际上刚好相反）

6．写好的悲剧比写好的喜剧容易。

7．懂得一点点哲学，使人离开上帝，可是精研哲学则使人回到上帝身边。

8．知识即权力。事实到底怎么样，一个人可能富有知识却根本没有为他带来权力，相反，另一个人可能有无上权威，却几乎没有知识。

人们一再地犯着这些错误，根本不对它们加以仔细的思考，只因为人们第一次碰到它们时，发现它们非常堂皇响亮。

二〇

智慧是内涵的量度，不是外延的量度。这就是为什么有时候一个人在这方面能敌万人，而一千个愚人比不上一个聪明人的原因所在。

二一

世界上充满了智力平庸的可怜人，他们所缺乏的是两种密切相关的才能，做出判断和产生自己观念的能力。但是不缺乏这种能力的人，很难想象缺乏这种能力是个什么情形，所以不容易理解他们生活的悲哀。但是这种缺乏却一方面解释了那些蒙骗同时代人使他们把自己当作真正文学家的胡说八道者的贫乏，另一方面也解释了出现在这种人当中那些真正有才者的命运。

从某种程度上看，所有真正的思想和艺术都是想把大才智放在少数人身上，所以这种想法未必能成功，这一点不足为奇。因为一个能够使人获得乐趣的作家往往需要在自己的思想方式和读者的思想方式之间达成某种和谐一致。这种和谐一致越完美，乐趣也越大。所以只有伟大人物才能欣赏另一位伟大人物。

由于同样的原因，平庸的作家会引起有思想者的厌恶和心理剧变，甚至与大多数人的谈话也会产生同样的结果，因为他在谈话的每一阶段都会发现不适当和不一致。

二二

植物的生命只是生存，因此它们生活的乐趣是纯粹主观的、粗糙的满足。动物则不同，动物有知识，可是动物的知识仍然只限于满足自身动机欲望的范围内，限于自身最直接的刺激范围内。这就是为什么它们也完全满足于单纯生存的原因，也是为什么单纯生存足以使其整个生活满足的原因。

所以，尽管它们没有思想，只是呆呆地望着，然而它们却可以几个小时完全不动，而不会感到不满或不能忍受。只有最聪明的动物如狗和猿猴才需要活动，因此也才会感到厌烦。因此它们才喜欢玩耍，才喜欢两眼注视过路者。从这方面来说，它们和那些喜欢从窗子里看人的人属于同一类。

只有人类才拥有知识，才能认识其他东西，所谓认识其他东西与单纯的自我意识是相反的，只有人类的知识才达到了最高层次，同时由于推理能力，人的知识达到了可以进行思想的程度。因此除了简单的生存以外，人的生活还可以为上述那种知识所满足，在某种程度上说，这是自身以外存在于别人和其他事物中的第二种生存。

不过人类的知识也大部分限于满足自身欲望动机的范围内，只是这种动机包括那些不太直接的动机，当我们整个来审视这种知识时便被称为“实用知识”。另一方面除了由好奇心和娱乐消遣而产生的东西以外，人类并没有比较自由的、没有目的的知识；然而即使只在这种程度上，每个人还是具有这种知识。同时，当动机不起作用时，人的生活大多是单纯的生存，人有时候不断闲逛以及常常参加那些只是聚在一起而没有任何交谈或充其量只稍做交谈的社交活动，这种现象就充分地证明了上述事实。

的确，大多数人的内心并没有自觉到，把下述情形当作自己行为的最高指导原则，即在生活过程中花费最少的思考，因为，对他们而言，进行思考是困难而麻烦的。因此，思考多少，只看他们从事的事务需要多少而定，也看他们的娱乐消遣需要多少而定，可是两者都要做适当的安排使其能以最少的思考来解决问题。

只有在理智多到超过生活所需的限度时，它才以知识本身为目的。如果在某个人身上，理智放弃其自然的天职，即认识事物之间的关系而为意志服务以便完全从事客观的活动，那么这便是一个相当反常的现象。

可是，艺术、诗歌和哲学正是来自于这个反常现象，所以艺术、诗歌和哲学产生于原先并非为这个目的而存在的官能。因为，从根本上看，理智是一个辛勤工作的工人，它的主人即意志支配它一天到晚忙于工作。但是，如果这个被驱使的奴隶偶然在工作之余自发地做些自己的工作，完全出于主动，除工作本身之外也没有其他目的，只是为了使自己满足和快乐，那么这就是真正的艺术品，推到极致便是天才的创作。

这种藏在艺术、诗歌和哲学成就背后的对理智的纯粹客观的运用，也存在于纯粹科学的一般成就背后，也早已出现于纯粹科学研究和学问以及对任何问题的自由思考中，并不涉及个人利益。

的确，如果谈话的题目是纯粹客观的即与个人利益毫无关系的，与参加谈话者的意志毫无关系的话，那么甚至引起单纯谈话的，也是这同一种东西。所有这种对理智的纯粹客观的运用与主观的运用相比，与以运用理智为名，实则为了个人利益相比都不是那么单纯直白，正如跳舞和走路相比一样，跳舞是不带任何目的的过剩精力的消耗。

可是，相反地主观运用理智则是一种自然的运用方式，因为理智本来就是被意志所用。它不但涉及工作和个人的冲动，也涉及一切有关个人私事和一般重要事务的谈话，涉及吃、喝及其他享乐，也涉及维持生活的一切东西，也涉及种种功利的关切。

的确，大多数人对自己的理智不能做任何其他运用，因为，对他们来说，理智只是被自己的意志所支配的工具，完全被意志所消耗，没有一点儿剩余。就因为这种情形，他们感到毫无趣味，如此粗俗地热衷于利益以及无法做客观的谈话，正如在他们脸上看不见连接理智和意志之间的纽带一样。

事实上，如此压抑的方式时常给人心地狭隘的印象，他们的整个知识只限于为自己意志所用的外在象征。我们不难知道，只有某种特定的意志为达成目的所需要的理智而再没有更多其他的理智。

因此外貌粗俗还造成一个事实，即当他们的意志不再驱使理智时，理智便停止活动。他们对任何东西都没有客观的兴趣。他们的注意力不放在任何与自己没有关系的东西上面，即便在可能产生关系的东西面前，他们的内心也是如此，否则便不会引起他们的兴趣。

他们甚至不会明显地为风趣和幽默所动，他们不喜欢任何需要稍加动脑的东西。粗俗的滑稽充其量只能引他们发笑，除了这点以外，他们就是热情的动物，所有这些都是因为他们只能注意主观的利益。就因为如此，玩牌成为最适合他们的娱乐方式。玩牌赢钱，这种情形不像舞台表演、音乐、谈话等等仍然停留在纯粹知识的范围内，而是使意志发挥作用，使无所不在的意志发挥作用。

对其余的东西而言，他们自始至终都是生意人，生命生来就是受物欲支配的，他们所有的快乐都是感官上的快乐，他们不喜欢其他种类的快乐。要跟他们谈业务，不要跟他们谈任何其他事情。跟他们交往要把自己贬低了。可是，相反，两个能够对自己理智做纯粹客观运用的人之间的谈话则是理智能力的自由发挥，即使所谈的问题不甚重要而只是开玩笑，情形也是如此。这种谈话事实上好像两个人或两个以上的人在一起舞蹈，而其他种类的谈话则好像并肩走路或一前一后地走路，其目的只是要到达某个地方。

现在，这种对理智做自由的、非常运用的倾向，在天才身上达到了顶点，知识成了最主要的东西，成为整个生命的目的；相反，他自身的存在反而降为附属品，变为工具；因此，正常的关系完全颠倒过来了。于是整个来看，由于他的知识以及对知识的了解，天才活在世界上的其他方面比活在自身中为多。他的认知能力的反常增加使他不可能以单纯存在及其目的来消磨他的时光。他的心灵需要连续不断和强有力的活动。

因此，他没有经历日常生活中许多事情的那种泰然以及普通人那种专心于日常生活的心态。所以对适合正常心理能力的普通现实生活而言，天才是一种恶劣的禀赋，同时像所有不正常的情形一样，它也是一种阻碍物。因为理智能力的这种加强，对外界的直觉了解就达到非常客观明确的程度，并带来远比被意志役使时所需要的更多的理智，因而这种过多的理智成为侍奉意志的彻底障碍。因为思考特定现象本身并为特定现象而思考，会减损这个思考与个人意志以及彼此之间的关联，因而干扰和妨碍了对这些关联的任何明确的了解。

如果只为满足意志的需要，只要对事物做完全表面的思考就够了，这种表面的思考除了使我们了解自己与任何可能目的之间的关系以及与这些目的可能有关者之间的关系以外，不了解其他东西，因此这种思考所涉及的只是种种关系，根本不知道其他东西。对事物本质的一种完全客观的了解减弱了这种知识的秩序以及清晰度并造成它的纷乱状态。

二三

天才与日常智慧的不同只是程度上的不同，只是量的不同。然而当我们想到平常人尽管有个人差异，但都遵循着共同的路线去思考，因此虽然他们的判断实际上是错的，然而往往会有相同的判断，这时我们很容易把量的不同看成质的不同。这种情形达到下述的程度，即他们具有某些基本观点，这些观点在各个时代都有效，也继续由人们反复提出来，可是各个时代的伟大人物却都公开地或秘密地反对这些观点。

二四

天才是头脑中拥有比一般人更明白清楚的观念世界的那种人；同时，由于最重大最深刻的见识并非来自观察个别事物而是来自了解整体的热情，所以人类可以期望从天才处获得最深刻的教训。因此我们也可以把天才解释为一种对事物具有特别认识也对自身具有特别认识的人。人类崇敬那些让事物显露其自身本性的人。

二五

如果你想得到同时代人的欣赏，就必须和他们保持步调一致。可是，如果你和他们步调一致也就不会创造伟大的东西。如果你心里想要创造伟大的东西，就必须让后人接受你的东西，只是，你不会被同时代人所了解；你会像一个被迫滞留在荒岛的人，在那里辛辛苦苦竖立纪念碑好让未来的海上旅行者知道自己曾经存在过。

二六

有才能的人为金钱和名誉而工作，可是相反，若天才从事创造工作，其动机却不易确定。天才不为金钱，因为天才很少获得钱。不为名誉，名誉太不实际，而且仔细地想想，也太没有价值。严格来说，也不是为了自身的快乐，因为创造工作付出的心力超过快乐。不如说是一种特殊的本能，由于这种本能，天才就不得不以持久的工作来表达自己的所见所感，却根本没有想到其他动机。

从各方面来看，发生这种情形是必然的，就像果树结果子一样，果树结果子，除了需要土壤使它获得滋养以外，没有其他需要。更仔细地想想，好像在这种人身上，作为整个人类精神的生命意志，由于稀有的偶然事故，已感觉到暂时获得更明确的理智，现在尽力收获成果，尽力收获这种明确思想和看法为整个人类带来的成果，其实这也是这种人的内在本质，因此他们的光辉可以继续照亮黑暗和一般人意识的麻木不仁。

就是由于这种情形，产生了那种使天才人物孤独工作以完成自己作品而不重视报酬、歌颂和同情，甚至不顾自己的福利，为后世着想比为同时代着想更甚的本能。作为一种神圣的信仰以及自身存在的真正果实，他把自己的作品当作整个人类的财产，为了更能欣赏他的后世人而创作。

对天才而言，这是比任何其他目的更重要的目的。天才努力完成和保卫自己的作品，其坚决的程度就像昆虫保卫自己的卵并抚养自己永远看不到的幼虫一样，它们把卵置于生命得以养育的恰当地方，然后带着满足的心情死去。

注释

1 施莱尔马赫（1768—1834），德国神学家、哲学家，当叔本华攻击宗教中的“理性主义”时，所指的就是施莱尔马赫。

2 魏文那基思（1715—1747），法国道德学家。

论心理

一

构成每一种生物核心的生命意志，在高等动物身上表现得最明显，在最聪明的动物身上表现得最明显，因此在这种动物身上，生命意志的本质也可以看得最清楚。可是在比较低等的动物身上，生命意志的表现就不会那么明显，意志客观化的程度也比较低。反过来说，在比动物高级的人类身上，理性的出现表明人类能够缜密思考，因此人类也有装假掩饰的能力，这种装假掩饰能力很快把意志蒙上一层障幕。

所以，在人类身上，意志只有在情绪和激情爆发时才表现出来：这就是为什么当激情表现出来时往往激发信心的缘故，不管它是哪一种激情。正因为如此，激情才是诗人和演员表演的主要题材。可是，我们对猫、狗、猴子等的喜爱，就是由于它们让我们感到愉快，它们所有的行为都天真无邪。

二

受习惯力量影响的许多事情，有赖于我们天生的持久且不可改变的特性，因此在许多相同环境下，我们所做的往往都是一样，即使做一百次，也和第一次做时的感觉一样。另一方面，真正的习惯力量从惰性而来，这种惰性想使理智和意志做新的选择时避免费力、困难甚至危险。因此，我们今天还在做和昨天以及更久以前一样的事情，而我们所知道的，完全符合这种情形。

可是，这个问题的真相在更深一层：用一种比初看情形下更为特殊的意义来了解它。对完全受机械原因影响的物体来说可以称为惰性力量；对受刺激动机影响的身体来说，则称为习惯力量。

纯粹基于习惯而从事的活动，的确没有任何特殊动机，这就是当我们从事这些活动时为何没有确确实实思考它们的原因。任何习惯的活动只在第一次才有动机，这个动机的后效构成现在的习惯，这足以使这种活动连续不停地发生，就像物体被推动以后，只要没有阻力，会连续运动而无须再推动一样。

同样的原理也可以适用于动物，动物所受的训练可以说是一种故意造成的习惯。马匹被动地继续拉车，并没有人驱策它，这种动作仍然是最初用鞭子迫使它拉车的条件反射，就像根据惰性定律的习惯一样，这种动作不断持续下去。这里所说的一切，不只是比喻而已，事情都一样，它们都是不同阶段的客观化意志，正因为它们遵循同样的运动法则，所以，表现出各种不同的形态。

三

长命百岁！这是西班牙的一句普通问候语，“希望长命”是所有人的共同愿望。只是我们不应以关于生命何样的知识来解释这个现象，应该用一种关于人类固有本质怎样的知识来解释这个现象，解释生命意志。

四

所有离别都是先尝死亡的滋味而所有重聚则是先尝复活的滋味。这就是为什么即使彼此不太关心的朋友，二三十年后再见时也会感到非常愉快的缘故。

五

突然来临的好运容易破坏，因为快乐和不快乐只是我们所需和所得两者之间的比率而已，因此我们感觉不到自己拥有或确知将要拥有的财富；因为，一切快乐只是消极性的，只是暂时抑止了痛苦，相反，痛苦或不幸却是积极因素也是直接感觉到的。

如果拥有财富或确知有希望拥有财富，我们的需求会立刻增加，如此一来，我们对更多财富和更大希望的要求就更强烈。相反，如果长久的不幸使我们精神萎靡，需求减少到最低限度，那么就缺乏接受突然来临的好运的能力。因为它与现存的需求不符，因而产生一种显然积极的效果，全力进行抵抗并使精神遭到分裂、破坏。

六

所谓“希望”，是欲求某种东西及其可能的混合物。

没有希望的人也没有恐惧，这就是“失望”两个字的意义。因为，人类很自然地相信自己希望成为事实的东西，人类之所以相信它，是因为人类欲求它。如果人类本性中这种特质一再地被坏运所消灭，甚至让人相信本不应发生的事情却偏偏发生，而希望发生的事情却只因他的欲求而偏偏不发生，于是，就产生绝望。

七

用person这个词来表示人，有一种意想不到的恰当，在欧洲各国的语言中，都是用这个词表示人。拉丁文“人格”这个词的真正意义是指演员的面具，实际上也没有人把自己的真面目显露出来；每个人都戴上了一副面具，都在扮演一个角色。

八

当人们受到不公平的待遇时，心中就燃起一股报复的恶念，我们时常听人说，报复让人痛快。这个事实可以从许多只为报复而不想获得报偿所做的牺牲中加以证明。我想对这个事实提出一种心理解释。

自然或机遇或命运加于我们的痛苦，不像别人意志所施予的那样大。这种情形是因为我们知道自然和机遇是世界的支配者，也因为我们知道自然和机遇为我们带来的，也会为别人带来，因此，当我们的痛苦从这个原因中产生出来时，我们悲叹的不是自己的命运而是人类的共同命运。

可是，相反，由他人意志所引起的痛苦却含有让人特别难受的痛苦或屈辱，即意识到别人在力量或机智方面的优越以及自己的无能。如果能有补偿，补偿固然可以抵销所受的损伤，但是那种格外难受的感觉，那种所谓“我必须忍受别人”的感觉往往比损伤本身带来更大的伤害，只能以报复的方式才能减轻。不论我们用什么方法，用力量或是机智，只要我们对别人报以损伤，就能证明自己优于那个曾经损伤过自己的人，证明他并不优于自己。于是，内心就获得了渴求的满足。

因此凡是有高傲或虚荣的地方也就有报复。但是，所有满足的欲望，多少都表现出一种幻想，报复也是如此。我们希望从报复中得到的快乐往往由于事后的同情心而觉得难受。的确，严厉的报复之后，常常会痛心不已，良心不安，我们不再觉得促使自己报复的那个动机有多么正当，此时我们感到的只有自己的邪恶。

九

金钱代表人类的抽象快乐。因此凡是不能再拥有具体快乐的人往往把整个心思都放在金钱上面。

一〇

当意志排斥知识时，这种情形就叫作固执。

一一

憎恨是一种“心灵”上的东西，而轻视则是大脑的一种情绪产物。

憎恨和轻视彼此完全不同，它们相互排斥。的确，多数的憎恨没有别的原因，只是由于不得不尊重别人的优点；相反，如果你憎恨自己所遇到的卑贱不幸的人，那就结束了你的憎恨，因为你更容易轻视他们。

真正的轻视与真正的高傲正好相反，真正的轻视藏在心中，不让别人知道它的存在。如果你让自己所轻视的人注意到这个事实，就等于对他表现出某种敬意了；如果你希望他知道自己如何把他看低，这就不是轻视而是憎恨了。

相反，真正的轻视是认定别人完全无价值。这里有放纵和抑制的存在，为了自身的安全，我们避免刺激被轻视的人，因为每个人都能带来损害。不过，如果这种纯粹冷漠的和真正的轻视表现出来的话，所得到的回馈就是最强烈的憎恨，因为被轻视的人没有力量报以轻视。

一二

造成人们残酷无情的原因是：每个人都要忍受足够的烦恼，或以为自己有足够的烦恼。造成人们好奇的原因则是：厌烦。

一三

如果你想知道自己对某人的真正看法是怎样的，只要留意一下，自己第一次在门口看到他寄给自己的意想不到的信件时所产生的印象就可以了。

一四

理性也应该称为预言，因为理性向我们展示未来，展示我们现在所做事情的未来结果。这正是当强烈欲望或暴怒或贪婪把我们诱入必将悔恨的错误道路上时要设法加以克制的原因。

一五

人类的快乐和幸福状况往往可以和树林相比：从远的地方看去觉得美丽，可是如果你走进里面，美感就消失了，再也找不到。

为什么我们时常羡慕别人，这就是原因。

一六

尽管我们在生活中有许多真实的人性的映象，尽管我们时常照镜子，可是为什么永远不能真正认识自己，因而也不能像描述别人一样来描述自己呢？

造成这种情形的原因一部分是在于下述事实即当我们在某一映象中注意自己时，往往是固定的直接注视，因此眼睛的动作大部分就失去了，而事实上眼睛的动作是意味深长的，也是“注视”的实际特征。可是，我们心理上似乎也有类似这种肉体上的缺点。

如果要客观地认识感知到的东西，就得在一定的距离之外去观察。但是，当我们在镜子里看到自己的影像时却无法采取一种有距离的观点，因为这种观点最后是基于道德的自我主义及其深刻的“非我感”。因此我们看到自己的影像时，自我主义会告诉我们“这不是非我而是我”，这就妨碍了任何纯粹的客观认识。

一七

只有在意识到无意识生活的人看来，这种生活才是实在的，当下直接的实在是个人意识的条件。因此人的真实的个体生活主要在自己的意识中。但是这必然是观念化的，因而受心智及心智活动范围和内容的限制。因此，意识明晰的程度，即思想明晰的程度可以视为对生活的真实程度的反映。

但这种思想或意识的明晰程度，这种对自身或他人生活明晰觉识的程度，在人类中的变化非常大，有的人先天具备的理智高，有的人先天具备的理智低，有些人的理智已有相当充分的发展，有些人的理智却没有多大发展，有些人有闲暇去思考，有些人则没有工夫思考。

就理智的内在和先天差异而言，如果没有考虑每一个情形，这些就无法做适当的比较，这种差异从远处是看不到的，同时，文化程度、闲暇和职业方面的不同，也不易被发现。但是，即使只依据这些，我们也必须承认，很多人的生活程度至少比别人优越十倍。

我们不必说那些不开化的人，因为他们的生活和活在树上的猿猴差不多，例如那不勒斯或威尼斯的挑夫（在北方，由于需要御寒，人们早就多思考），看看他从出生到死亡的生活过程。

这种人的生活完全为欲望所支配，用自己的劳力维持生活，靠自己的劳力供给一天的需要，其实是供给一时的需要。大部分时间都在工作，永远在动乱不安中，总是辛辛苦苦，不考虑明天的事情，极度疲乏后，休息一下来恢复体力；总在争吵，没有一点儿时间用在思考上，在温和的天气下享受肉体上的舒适，吃得也马马虎虎。最后教会给他提供愚蠢的迷信以作为形而上的安慰。

这种无休止的迷梦构成了千千万万人的生活内容。他们只知道满足现在的需要，他们不会想到自己的生存需要一致，更不会想到生存本身。从某种程度上说，他们虽然活在这个世界上，却没有真正认识自己的存在。

现在，我们来看看深思熟虑而头脑灵敏的商人，在这种人的生活中，时间总是花在思索方面，他小心翼翼地实行自己周密考虑的计划，建立自己的家庭，为妻子儿女的未来打算，也参加共同事务。很显然的，这种人的生活与前者比起来更富有自我意识，就是说，他的生活更真实。

最后，说到诗人甚至哲学家，这种人的思想已经达到极高程度，他忽略生活中的个别现象，对生活本身产生疑惑，对这个难以解开的谜团大感疑惑。他的意识已经达到非常明晰的地步并成为普遍的意识，透过这种意识他心中的观念超越了一切被意志支配的关系，这种意识正向他展示一个让自己探索思想而非浑浑噩噩活下去的世界。如果意识程度就是实在程度的话，当我们说这种人是"最真实的人"时，这就有意义了。

一八

为什么我们用"平常"两个字表示轻视的意思呢？为什么我们用"不平常"三个字表示赞扬的意思呢？为什么凡是平常的东西都是应该被轻视的呢？

"平常"两个字的原始意义指向所有人，指向整个人类。因此凡是除了一般人所具有的秉性以外没有其他特性的人，都是"平常人"。

因为一个与千千万万人没有差别的人能有什么价值呢？千千万万人吗？不，应该说无数的人，应该说像铁匠打铁时冒出的无数火花一样，大自然在其永远无限的源泉中不断涌出的无数的人。

我以前常常说，动物只具有种族的性格，唯有人类才获得了真正的个性。然而在大多数人中，只有很少的人具有真正的个性，他们几乎可以分为两类。他们的欲望和思想像面孔一样，都是整个“类”的欲望和思想，或者至少应该说是他们自己所属的类的欲望和思想。因此他们的欲望和思想都是微不足道的、天天皆可见到的、无数次重复出现的。他们所说的和所做的都可以正确地事先预料到。他们没有个人的特性，好像是工厂批量制造出来的。

他们的秉性就是所属的“类”的秉性，难道他们的生活不是如此吗？无论怎样，我们都可以说，所有高贵、伟大、崇高的人，由于具有的本性都孤立于一个世界里，而在这个世界里没有比表示日常现象的“平常”两个字更好的字来表示低级而令人讨厌的东西。

一九

作为物自体的意志，是一切东西的共同点，是万物的普遍要素。因此我们和每个人一样都具有这种意志，其实，人也和动物一样，甚至与更低等的东西一样，都具有这种意志。就任何东西和任何人都具有这种意志而言，我们都是一样的。可是，从另一方面看，使某个东西高于另一个东西，使某个人高于另一个人的则是知识。因此，我们所说的应该尽可能地限于知识的表现。因为人人皆有的意志也只能是“平常的”。因此，所有意志的强烈表现都是“平常的”，就是说，意志把我们降低为类的样品，因为这个时候我们所表现的只是类的特性。

所以，我们共同所有的就只有愤怒、无限的快乐、憎恨、恐惧，总之，是一切情绪，就是说，一切意志的激动。如果意志非常强烈以至胜过意识中的知识并使人类表现为意志动物而非认知动物的话，如果人被这种情绪所支配，即使最伟大的天才也和最平常的人一样。

相反，凡是希望成为不平常的人，就是说，凡是希望成为伟人的人，决不应让意志的激情支配他的整个意识，不管他这样做有多么必要。他应注意到别人的可恶意见而不让自己的意见受它影响。

的确，除了我们把别人伤害或侮辱我们的话像其他无数错误一样毫不犹豫地归之于说话者的无知因而只注意到它们而不受其影响以外，没有更明确的象征来表明我们的伟大。

二〇

人类中一切基本的东西，一切真实的东西，都像自然势力一样，不知不觉地发挥作用。因此在意识中经过的东西变成观念。所以在某种范围以内，它的表现就是观念的交流。于是，所有性格上和心灵上的真实而确定的特质，主要都是无意识的，也只有如此才能产生深刻的印象。人在无意中做的事情并不耗费他的力量，也没有任何力量可以产生它的代替品。

一切原始概念，诸如一切真正成就的基础以及构成真正成就的核心都在这种方式之下形成。因此，只有先天的东西才是真实的和稳固的。如果你想在事业上有所成就，如果你想在写作、绘画上有所成就，如果你想在任何方面有所成就，就必须遵循法则而不仅仅是认识法则。

二一

很多人相信自己的好运是由于环境。他们以为，自己具有一种令人愉快的笑容，这种笑容让他们获得了许多人的好感。然而，我们知道，一个人可能面带微笑，实际上却是恶棍。

二二

具备伟大光辉特质的人，毫不犹豫地承认自己的过错和弱点。他们把这些过错和弱点看作自己已付出代价的东西，他们甚至还进一步以为，他们不因这些弱点而感到羞惭，反而以具有这种弱点而感到光荣。当这些弱点与他们伟大的特质同时存在则证明：每个人都有其美德的缺憾。乔治·桑说：

许多性格善良无瑕疵的智者却决不承认自己一点点小缺点，小心翼翼地隐藏这些缺点，任何人提到这些缺点时，他们都会很敏感。因为他们整个优点都在于没有缺点和瑕疵，因此凡是表现出来的缺点都会直接使他们的优点消失。

二三

如果你的才能平庸，那么谦逊即诚实；但是，你若有大才，谦逊即虚伪。

二四

即使在接受训练的能力方面，人类也是超过其他动物的。穆斯林被训练每日五次面向麦加祈祷，他们固定不变地这样做。基督教徒被训练到合适的场合在自己胸前画十字和跪拜等，而一般宗教则形成训练技巧中的真正杰作，即心理能力的训练，大家都知道，这种训练是不能太早开始的。

有人认为，除非我们在某人的六岁以前，以严肃热烈的态度不断地对他述说某种事情使他产生深刻印象，否则这种事情不能在这个人的脑海里牢固扎根，我觉得没有比这种看法更正确不过的了。因为，对人的训练和对动物的训练一样，只有在早期才能得到完全的成功。

二五

具有丰富的想象力，表示大脑的知觉作用相当强大，不一定需要感官的刺激。

因此，想象力越丰富，由感官从外界传来的知觉便越少。长期的孤独、身陷囹圄或卧病在床、沉默、薄暮、黑夜等都有助于想象力的产生，在这些境况的影响之下，不需要刺激，想象力就会发生作用。相反，如果外界有丰富的材料让我们知觉，比如在游览时，在喧扰的生活中，在日正当中时，想象力就休息了，即使受到刺激也不活动，因为这时不是它活动的时候。

然而，如果要使想象力获得丰富的成果，就要从外界接受大量刺激，因为只有外界刺激才能填满它的储藏室。但是培养想象和滋养身体一样，在身体获得大量需要消化的滋养品时，就是身体最虚弱和最需要休养的时候，可是它后来表现的一切力量却是从这滋养品而来的。

二六

记忆很可能被其中所含有的东西弄混乱，但它不会真的成为令人生厌的东西。记忆的能力不因接受而减少，就像把沙粒堆成不同形状时并不表示不能堆成其他形状一样。从这个意义来看，记忆是没有根基的。然而你拥有的知识越多，这种知识越是五花八门，那么你就要花更多时间在自己记忆中找出希望找到的东西，因为这个时候你会像一个想在堆满货物的大货仓中寻找某一特殊货品的店主一样；或者，正确地说，由于你所具有的思想路线可能非常丰富，必须回想那条使自己达到所期望的记忆的思想路线。因为记忆不是保存东西的储藏室，记忆只是运用心理力量的能力；头脑只拥有可能的知识却并不拥有实际的知识。

二七

通常有大才的人与才能很低的人相处比与才能平常的人相处要好一些，因为这就像专制君主和平民以及祖父和孙儿自然地联合在一起一样。

二八

很多人需要外界的活动，因为他们没有内心的活动。相反，凡是后者不存在的地方，前者就可能是一种非常讨厌的东西和障碍物。前一事实也说明了那些无事可做的人静不下来、毫无目的地跑来跑去的原因。他们从一个国家跑到另一个国家的原因，就像在家时他们聚在一起组成那些令人见了可笑的集会一样，都是由于厌烦无聊。

我曾经从一位不认识的50岁老绅士那里，偶然地证实了这种看法，这位老绅士告诉我，他曾经做了一次为期两年的愉快旅行，他到过世界上许多遥远神奇的地方。当我说他一定遭遇很多困难、辛苦和危险时，他毫不犹豫地、非常坦白地回答说："我一刻也不曾厌烦过。"

论宗教

一　信仰与知识

作为一门学问，哲学与应该相信的或可能相信的东西没有任何关系，哲学只与可知的东西有关。如果这种情形与我们相信的事实完全不同，那么这对信仰也没有好处，因为信仰的本质就是：宣示不可知的东西。如果这种东西可被认知，那么信仰就成了可笑无用的东西，这就像在数学范围内提出一种证明信仰的理论一样可笑无用。

可是，另一方面我们也可以说，信仰教给我们的可比哲学教给我们的更多甚至多得多；然而信仰教给我们的，不能与哲学的结论联系在一起，因为知识比信仰更坚实，当两者碰在一起时，后者会被碰得粉碎。

总而言之，信仰与知识是两个完全不同的东西，为了两者相互的便利起见，两者必须严格地分开，因此两者各行其是，彼此互不影响。

二 启示

生命短促的人类川流不息地、一代一代地相继来到这个世界又相继离开这个世界。每人都肩负恐惧、匮乏和忧虑而跃进死亡的怀抱。当人类如此生死相继时，不厌其烦地问什么东西造成了自己的烦恼，这个悲喜剧的意义是什么？他们向天呼求，但天道无言。天没有给我们回答却来了一批带着启示的教士。

但是，如果一个人还认为那些超人类的存在者曾经为人类带来信息，告诉我们有关自己或世界存在的目的，那么这个人就仍然停留在童稚时代。各种启示一定有错误，就像所有属于人类的事物一样，往往包含在奇怪的寓言和神话中并因而伪称为宗教，然而除了智者的思想以外，根本没有其他的启示。

因此在这个范围以内，不论你相信自己的思想还是相信他人的思想，其结果都一样，因为你所相信的永远是人类的思想和意见而不是别的东西。然而人类往往有一种缺点，总喜欢相信那些自称其知识来自超自然力量的人却不愿相信那些自己头脑中有思想的人——可是如果你记得人与人之间理智上的巨大不平等，那就可以知道，某一个人的思想在另一个人看来，完全可以作为启示。

无论什么地方，无论什么时候，婆罗门教也好，伊斯兰教也好，佛教也好，基督教也好，所有教士僧侣的基本秘密和狡猾的地方都像下面所说的：他们认识并抓住了人类形而上需要的巨大力量和牢不可破的顽固本性。

于是便自称具有满足这种需要的方法，他们说用这种方法可以把解决人生大疑问的答案直接带给人类。一旦人们相信了这种说法，就可以随心所欲地引导和支配他们。比较慎重的统治者便与他们联合起来，其他统治者本身就为他们所统治。

可是，如果能破天荒地让哲学家做国王，那么整个闹剧便会在最不适宜的方式下结束。

三 论基督教

要对基督教估做一公正的判断，必须考虑到基督教之前是什么，基督教所取代的又是什么。

最初是希腊罗马的泛神论，这种泛神论被视为大众的形而上学，没有任何真正明显的教条，没有任何规范行为的法则，没有任何道德的倾向，也没有经典。因此根本不应称之为宗教，不如说是一种幻想，是诗人们从民间传说中拼凑而成的产品，大部分是自然势力的人格化表现。我们很难想象希腊罗马人怎么会重视这种幼稚的宗教。

然而，古代作家中却有许多记载表示他们确实重视这种宗教，尤其是马克斯穆斯[1]在他的第一部作品中，特别有这种记载，西方史学之父希罗多德的著作中这种记载则更多。后来，哲学的进展让这种严肃的信仰消失了，这使基督教得以取代这种宗教，尽管这种宗教有着外来的助力。

基督教必须取代的第二个东西是犹太教，犹太教粗陋的教义在基督教中被升华了，也在无形中变得更趋近神学寓言。一般说来，基督教的确是属于寓言性质的，因为世俗所谓的寓言在宗教中很神秘。我们必须承认，无论在道德方面还是教义方面，基督教都远远优越于先前的两种宗教，从道德方面说，只有基督教（就东方人而言）宣扬和好、爱你的敌人、忍受苦难和否定意志。

不过一般大众不能直接把握真理，所以最好用美丽的寓言把这个传播给他们，这种寓言足以作为他们实际生活的指南以及使他们获得安慰和希望。可是，在这种寓言中加上一点点荒诞不经的东西是不可缺少的，这更表示它的寓言性质。如果你从实质上去了解基督教教义，你就会明白伏尔泰的诊断是对的。

可是相反，如果你从寓言中去了解基督教，那么基督教便是一种神圣的神话，是一种使人们获得真理的工具，如果没有这个工具，人们就根本无法接近这些真理。即使教会所谓的

“在宗教教义方面，理性根本没有用，也是盲目的，因而应该排除”，从根本上看，也表示这些教条属于寓言因此不应以理性的标准来衡量它们，因为理性是从实质意义上来了解一切事物的。教义中荒诞不经的地方正是寓言和神话的表征，即使这里所讨论的例子也是源于《旧约》和《新约》两个相同教义联系在一起的需要。

这个伟大的寓言最初是在没有明确自觉的潜在真理暗中影响之下，通过对外在和偶然环境的解释才渐渐出现的，一直到最后，才由奥古斯丁[2]完成。奥古斯丁深深理解这个寓言的意义，因此把它作为系统的整体，并补充了其中所缺少的东西。因此奥古斯丁的学说是完美的基督教教义，后来马丁·路德也采用这个看法，今天的新教徒是从实质意义上了解“启示”。因此他们把它限定于某一个人而认为最完美的基督教教义是原始基督教，可是马丁·路德却不这样看。

然而所有宗教的弱点仍然在于：它们决不敢承认本身是寓言。因此它们必须郑重地表现自己的教义在实质上是真实的。由于荒诞不经的东西是寓言的本质，所以这个弱点导致永久的欺骗以及对宗教大大的不利。其实，更坏的是，我们很快就会知道它们根本不是真实的，因此就迅速消亡了。

这样说来，宗教最好是直接承认本身的寓言性质。只是困难在于如何让人们了解一件东西同时是真实的又是不真实的。但是由于我们发现所有宗教多少都是以这种方式形成的，所以我们必须承认，在某种程度以内，荒诞是合乎人性的，其实还是人类生活中的一部分，并且要承认欺骗是宗教中不可避免的，其他许多方面也证明了这个事实。

基督教所谓上帝预定论和马丁·路德先驱者奥古斯丁所完成的上帝恩宠论，给我们提供上述所谓荒诞不经的地方源于《新约》《旧约》结合的一个证据和实例。根据奥古斯丁恩宠论的看法，有的人比别人处于更优越的地位，成为神恩的对象，这等于说，他是带着现成的特权来到这个世界的。

可是，这个学说令人不满意的地方以及荒诞不经之词完全源于《旧约》中的一个假设，即人是外在意志的创造物，外在意志从无中把人创造出来。但是我们想一想，真正道德上的优越实际上并非天赋的，在婆罗门教和佛教轮回说看来，问题便完全不同，他们的解释也更为合理了。根据轮回说的看法，一个人可能与生俱来的一切好处都是他从另一个世界和前生带来的，因此它们不是恩宠所赐，而是自己在另一世界所做行为的结果。

不过，在奥古斯丁这个教义之外，又加上一个更坏的教义，这个更坏的教义告诉我们，在大多数堕落因而注定永远受罚的人中，由于上帝预定论和恩宠论，只有极少部分的人才被宣告无罪，最后得救，而其余的人则只能被动毁灭并永远在地狱中受苦。

从实质意义上去了解，这个教义让人很不舒适，因为这个教义不但惩罚过错，甚至惩罚仅仅缺乏信仰的人，惩罚一个20岁不到的人，要他们无目的地受苦，而且还说这种几乎普遍的受罚就是原罪的结果，因而也是人类最初堕落的必然结果。但是上帝最初造人时，没有把人造得比现在更好一点儿，他一定知道人类会堕落，然而却布下陷阱，他一定知道人类要掉进陷阱中，因为一切都是他创造的，没有事情可以瞒得住他。

那么，根据这个教义的意思，他从无中创造出脆弱而易于犯罪的人类以便使他们承受无穷的痛苦。最后还有一点，上帝禁止一切犯罪也宽恕一切犯罪，甚至要人类爱自己的敌人，可是他自己却没有这样做，他所做的正与此相反，因为当一切都成为过去而永远毁灭时，当世界末日来临时，那最后的惩罚，既不是存心改进人类，也不是存心吓阻人类不再犯罪，唯一的解释只是报复。

这样看起来，好像整个人类被创造出来只是为了永远受苦和受罚，虽然我们不知道为什么，但是除了极少数人因神的恩宠而免于如此厄运之外，其余的人都要永远受苦和受罚。此外上帝似乎是为魔鬼而创造这个世界的。这样看来，反倒不如他根本没有创造这个世界。

如果你从实质意义上了解教义，这就是发生于教义方面的情形。相反，如果从寓言意义上了解教义，所有这些都可以得到比较满意的解释。不过，我们早已说过，这个学说中荒诞不经的地方、让人觉得不愉快的地方，根本就是来自犹太一神教及其从无中创造以及随之而来的结果，只是对轮回说做不合理而令人反感的否定的结果，在某种范围内看，轮回说是很自然的道理，因此，所有各时代的人类都接受这种说法，只有犹太人例外。

6世纪时，教皇格列高利一世为了避免因否定轮回说而产生的巨大不利并减轻这个教义令人不愉快的性质，非常聪明地发展出一套涤罪的说法，并把这种学说正式摆进教会的教义中。从本质上看，这应该在奥利金[3]的思想中已经出现过。于是，一种轮回说的代替品就被引入基督教中来，因为两者都构成一种净化过程。

基于同一目的又产生了一种所谓万物复原的说法，根据这个说法，即使是犯罪者也会在宇宙大喜剧的最后一幕完全恢复原状，恢复到性本善的状态。只是新教徒执着于《圣经》上的内容，不放弃所谓地狱中永远受罚的说法。这可能对他们有好处，但我们可以说，他们得到的安慰是自己并不真的相信它；当他们不顾及这个问题时，心里其实在想：它还不至于那样坏。

奥古斯丁所谓犯罪者多而得福者少的想法，也可以在婆罗门教和佛教中发现，不过，婆罗门教和佛教中的轮回说已经把这种想法中令人讨厌的地方除去了。的确，前者的最后救赎和后者的涅槃也是极少数人才能达到的。可是，这些少数人来到这个世界，并不是经过特别挑选和具有特权的人，他们应得的赏罚是他们自己在前生中得到的，而他们也继续在今生保有它们。不过，其余的人也不全是被抛入永久的地狱中，他们被带到与自己行为相符的那种世界中。

因此，如果你问这些宗教的创立者那些不曾得救的人去了哪里，他们会告诉你：

> “看看你自己的四周；这就是他们所在的地方，这就是他们所成为的人，这就是他们的活动范围，这就是欲望、痛苦、生、老、病、死的世界。”

可是，相反，如果我们只从寓言意义上去了解奥古斯丁所说的永远被选者少受罚者多，并用哲学的意义去解释它，那就与下述事实一致，即只有极少数人可以否定意志，因而从这个世界中救赎出来，正如佛教中只有极少数人能够达到涅槃一样。相反，这个教义具体化为永远受罚的现世生存，就是我们所在的这个世界。这就是传下来给所有其余者的世界。这是一个很坏的地方，这是炼狱，是地狱。

只要我们想一想，有时候人给人的痛苦多么大，慢慢把别人折磨致死的痛苦怎么样，并且自问一下魔鬼是不是做得更厉害，就可以了解这种情形。那些固守生命意志不放的人，可能会永远留在这个世界。

但是，实际上，如果亚洲人问我“欧洲是什么”，那么我一定回答说：

> 欧洲是一块完全被前所未闻和无法相信的幻想所支配的大陆，这个幻想告诉我们，人的出生是他的绝对开端，他是从无中被创造出来的。

从根本上看，撇开两方面的神话不谈，佛陀的轮回和涅槃与奥古斯丁的两城说是一样的，奥古斯丁的两城说把这世界分为两个城，即世俗之城和上帝之城。

在基督教中，魔鬼是一个非常重要的角色，他是尽善尽美、全知全能的上帝的平衡力量！如果不把魔鬼当作一切罪恶的来源，就无法了解充满世界的无法估计的罪恶到底从哪里来。由于理性主义派已经扬弃魔鬼的观念，所以由此而在另一方产生的不利之处就越来越大，也越来越明显。

这可能早已预料到，事实上也确为正统教会预料到。因为，当你从大厦中抽去一根柱子，不可能不危及其他柱子。这点也证实了别处所产生的看法，即耶和华乃袄教中善之神的化身，而撒旦则为袄教中恶之神的化身，善之神和恶之神是不能相离的。可是，善之神又是因陀罗[4]的化身。

基督教有一特别不利之处，即它与其他宗教不同，不是纯粹的学说，而是历史，是一连串事件，是许多人的行动和遭遇以及一堆事实。构成基督教教条信仰的就是这种历史事实。

基督教的另一种基本错误是用不自然的方式把人类与人类所属的动物界分开，只认为人类才有价值，把其他动物看作“物”。这个错误是所谓“从无中创造”的结果，此后，在《圣经·创世记》第1章和第2章中，造物主把一切动物只看作物，根本没有善待动物，即使一个卖狗的人与自己的狗分手时也会有惜别之意，可是造物主却不善待动物，把动物完全交给人类，让人类来支配它们。在第2章中，造物主继续指定人类为动物命名，这又是动物完全依赖人类，根本没有任何权利的象征。

实际上，我们可以说，人是大地的魔鬼，而动物则是受苦的灵魂。这是伊甸园那一幕的结果。因为一般大众只能借助强力或宗教来控制，而在这里，基督教使我们羞居困境之中。我从可靠方面获知，当动物保护协会要求某位新教牧师讲道以反对虐待动物时，这位牧师回答说，尽管这是世界上最好的事，可是他不能这样做，因为在他的宗教中找不到根据。这个人的确是诚实的，也是对的。

当我还在格丁根读书时，布鲁门巴哈[5]非常严肃地给我们描述活体解剖的恐怖情形，并且告诉我们那是一件多么可怕的事情。不过活体解剖的机会不多，即使有，也是为了那些可以带来直接好处的重要实验。即使如此，也必须尽可能公开实行，以便使科学祭坛上的残忍牺牲尽可能得到最大的效用。

可是，今天却不同，每个小小的医学人员都以为自己有权在刑房（实验室）以最残忍的方式折磨动物以便确定某些问题的答案，其实这些答案早已写在书中了，只是他们无知也懒得去翻阅罢了。

我们要特别提到巴布拉在纽伦堡所做的令人憎恶的事：故意把两只老鼠饿死！后来又在“人类和脊椎动物大脑比较实验”中对大家描述这件事，好像他做得很对似的。他这样做只是为了从事一项根本无益的实验，看看饥饿会不会在大脑的化学成分中产生明显的变化，这是为了科学吗？难道这些拿着手术刀的人根本没有想到自己首先是人然后才是化学家吗？当你知道自己把无害的动物锁起来让它慢慢饿死，你会睡得安稳吗？你不会在半夜爬起来大叫吗？

显然，犹太人对自然的看法尤其是对动物的看法，现在应该在欧洲寿终正寝了。我们应该承认，永恒者不但存在于人类身上，也存在于所有动物身上，因此我们也要照顾和考虑动物。我们一定是眼睛瞎了耳朵聋了，否则为什么不知道动物在本质上和我们有某些相似呢？人与动物不同的地方只在于偶然因素方面，即理智方面；而不在实体方面，即意志方面。

火车发明以后，为人类带来的最大益处，是免得千千万万可怜的驮马受苦。

四　论一神教

正如多神教是许多自然力量的人格化一样，一神教也是整个自然力量的人格化。但是，当我试图想象自己站在某人面前对他说：

“我的造物主！我曾是虚无，但你把我创造出来，因此我存在了，而这种存在便是我自己。”然后又说：“感谢你给我这个恩惠。”最后甚至说“如果我对一切东西都没有好处，那是我的罪过”时，我不得不承认，由于我自己的哲学以及对印度思想研究的结果，我脑子里无法容纳这种思想；并且这种思想也与康德在《纯粹理性批判》中证明不可能成立的那部分宇宙论时告诉我们的完全相反。

《纯粹理性批判》中说：“尽管没有人能够维持下述思想，可是我们也不能排斥下述思想，我们所认为的一切存在者中最高的存在者似乎对自己说：我是从永恒到永恒，在我身边的，除了完全因我的意志而存在的东西外，再没有别的东西。可是我又是怎么存在的呢?

不管你用木头、石块、金属做偶像，还是从抽象概念中把它们合在一起，都一样，一旦你面对一个具备人格的东西，为其奉献，向其求助，向其拜访，这就是偶像崇拜。从根本上看，不管你是牺牲自己的羊还是自己的爱好，都没有多大区别。一切仪式、一切祈祷都是偶像崇拜的明确证明。这就是所有宗教中的神秘主义派别都同意废除一切仪式的原因。

五　《旧约》和《新约》

犹太教的基本特性是唯物主义和乐观主义，这两者是密切相关的，也是真正一神论的先决条件，因为它们把物质世界看作绝对真实的，而把生命看作显然的赐予。相反，婆罗门教和佛教的基本特性则是唯心主义和悲观主义，因为它们认为世界只是梦幻般的存在，而生命则是自己罪恶的结果。

大家都知道犹太教源于波斯袄教，可是袄教中的悲观主义成分至今犹在，恶之神就代表这种悲观主义成分。不过，在犹太教中，恶之神也像撒旦一样，只具有附属的地位，然而撒旦与恶之神一样，是一切虫、蛇、蝎子的创造者。

犹太教利用恶之神直接补救它的乐观主义的根本错误，即补救产生“堕落”的说法，然后，“堕落”把悲观主义因素带入这个宗教里面来，因为悲观主义成分是忠于真理所需。虽然这个因素把原本应该看作基础和背景的东西变为存在过程，但仍然是这个宗教中最正确的基本观念。

《新约》必定源于印度，因为《新约》中的伦理观念完全是印度式的，在这种伦理观念中，道德导致禁欲主义、悲观主义及其具体化。但是正因为这个理由，《新约》和《旧约》完全立于内在对立的立场，因此《旧约》中唯一可与《新约》相连的是关于“堕落”的故事。当这个印度学说进入巴勒斯坦时造成了腐化、不幸及需要救助的惨状；通过神的化身而获得拯救、自我牺牲以及赎罪的道德这些都和犹太一神教教义相互关联。这种相互关联是隐性地完成的，就是说，虽然这两个东西看上去完全不同甚至彼此对立，然而它们最终还是关联在一起了。

从无中造物的、外在于世界的创造主和救世主是同一个，并且由于救世主的关系与人类合一，他是人类的代表。自从亚当陷入罪恶之中，因而堕落、痛苦和死亡落到亚当身上以后，人类是因他而得救的。这是基督教表述世界的模式，正如佛教表述世界的模式一样，不再通过那发现万物都“很好”的犹太教的乐观主义。现在，魔鬼被称为“世界之王”（《约翰福音》第12章第31节）。

世界不再是目的，而只是手段，快乐王国只在世界之外和死后才存在。舍弃这个世界并期望一个更好的世界便构成基督教的精神。可是打开达到这个更好世界的道路的是“修好”。从这个世界救赎出来的方式，在道德上要求要爱你的敌人而不要报复，给你永恒生命的希望而不给你无数的子孙以希望，以圣灵代替犯罪的惩罚，一切东西都安静地在圣灵的羽翼之下休憩。

因此我们看到《新约》修正了《旧约》，也赋予《旧约》新的意义，所以在内在本质上都与印度古代宗教一致。基督教里所有真实的东西，在婆罗门教和佛教中也应该被发现。但是犹太教所谓从无中创生生命的观念，所谓只不过是充满不幸、恐惧和匮乏的短暂人生而永远不会太过谦卑地感激造物主赐予的世俗产物，这些观念你在婆罗门教和佛教中是找不到的。

如果一个人想要推测这种与印度学说一致的情形怎么产生，他可以认为“逃亡到埃及”这一事实可能有某种历史的根据，也可以认为耶稣是由埃及僧侣养大的，而这些僧侣的宗教源于印度，接受印度的伦理观念以及由这些伦理观念而具体化的概念，后来则设法把这些学说用在犹太教义中并嫁接到犹太教的古树上。

耶稣觉得自己在道德上和智慧上的优越可能让他自认为是神的化身，因而自称为神子以示自己不只是人。我们甚至可以认为，他的意念力量和纯洁以及当作物自体之意志的全能，让他也能表现所谓的奇迹，通过意志的形而上的影响力而从事活动。关于这一点，他从埃及僧侣那里接受的教育可能对他有某些启发。

后来的传说增加了这些奇迹的次数，夸大了神奇的力量。只有在某种程度内，这种假设才可以解释保罗如何能把一个刚死去不久而又复活的人郑重其事地宣称为神的化身以及与世界创造者合一的人。因为要郑重其事地推出这种神圣和伟大往往需要数百年才能慢慢实现。另一方面，这个想法可以当作一种论证来否定保罗书信的真实性。

我们现有的《福音书》是基于耶稣在世时以及他周围的原件或部分原件而成的，这是我基于所谓世界末日以及想象中主耶稣第二次光辉降临的预言而得到的结论，当主耶稣允诺重来时，人们认为，在现世某些人的有生之年，这件事将要发生。因此，这个允诺未曾实现，是非常令人困扰的事情，不但后世人觉得困扰，而且也让彼得和保罗感到十分困扰。百年以后，如果没有当时文献之助而攻讦《福音书》的话，那么一个人的确已经避免了把这种预言引进来，这种预言为何没有实现就能弄明白了。

施特劳斯[6]建立了一项原则，这项原则说，福音故事或其特有的细节应该用神话方式来解释。当然，这项原则是正确的，不过，我们很难确定这项原则的适用范围有多大。对于一般神话性质的判断，最好运用手边不太需要慎重处理的实例。

例如，亚瑟王在整个中世纪的英法两国是一个相当真实的人物，许多人都知道他的事迹，他的名字常常与同样人物同样环境一起出现，与他的圆桌、骑士、英勇行为、术士，不贞的妻子和她的情人兰塞劳特等共同构成中世纪许多诗人和文学家笔下的主要题材。他们描写的都是同样的人物、情节，所不同的只是服装的式样和风俗习惯，就是说，根据他们自己时代的不同而在服装和风俗习惯上有所不同而已。

几年之前，法国政府派遣维勒马克到英国去研究亚瑟王这些传说的渊源。他发现这些传说背后的事实竟然是6世纪初期住在韦尔斯的一位名叫亚瑟的小首领，他不屈不挠地抵抗盎格鲁-

撒克逊人的入侵，但是他的无关重要的事迹已经被人遗忘了。

天知道，这个人居然成为许多世纪来无数诗歌、小说和故事中所歌颂的伟大人物。这种情形几乎和罗兰[7]的情形完全一样。罗兰是整个中世纪的英雄人物，无数诗歌、史诗和小说都把他作为歌颂的对象，甚至还替他铸像，直到最后亚里斯托[8]把他改观为止。可是，正史上说到他的只有一次，还是偶然说到的。我们所知道的耶稣基督的全部实际情形只是塔西佗[9]著作中的一段。

六　教派

奥古斯丁主义及其关于原罪的有关教义，我们早已说过，是真正的基督教观念。另一方面，佩拉纠主义[10]则想把基督教带回到粗浅的犹太教及其乐观主义上来。

奥古斯丁主义和佩拉纠主义之间的对立不断地使教会分裂。追根究底，我们可以说，前者表现事物的本质，后者则表现事物的现象却误以为在表现事物的本质。例如，佩拉纠教派否认原罪说，因为还没有做过任何事情的孩童一定是天真无邪的。他们之所以这样做，是因为他们不了解，孩童是现象的起始，不是物自体的开始。

对自由意志，救世主的死、恩宠，总之，对一切东西我们也可做同样的考虑。由于它浅显，易于了解。因此佩拉纠主义往往表现为理性主义，但是它现在所表现的这种情形是前所未有的。

希腊正教教会主张有限度的佩拉纠主义，如天主教会自特兰托宗教会议（1545-1563）之后所主张的一样，其目的是反对奥古斯丁主义和内心有神秘主义倾向的马丁·路德以及加尔文。耶稣会也是半佩拉纠教派，詹森教派[11]则是奥古斯丁派，他们的主张很可能是最地道的基督教。因为放弃独身生活和禁欲主义以及代表禁欲主义的圣者，新教变成被割裂了的基督教，或者说得更正确一点儿，变成没有头的基督教，它的上端不见了。奥古斯丁主义及其关于原罪以及原罪有关的教义才是真正的基督教。佩拉纠主义则想把基督教带回到粗浅的犹太教及其乐观主义上来。

七 理性主义

各种宗教之间的基本差别不在于它们是一神教还是多神教，是泛神论的还是无神论的（佛教是无神论的），而在于它们是乐观主义的还是悲观主义的。基于这个理由，《新约》和

《旧约》是极端相反的，它们的结合造成了一种非常奇特的怪物：《旧约》是乐观主义的而《新约》却是悲观主义的。前者是长音阶曲调，后者却是短音阶曲调。

基督教的这个基本特性，奥古斯丁、马丁·路德和麦兰克洪[12]都深切地了解，也尽可能把它系统化。可是，我们这个时代的理性主义者却想除去它并做别的解释，他们的目的是想把基督教带回到平淡的、自私的、乐观的犹太教，再加上一种进步的道德观念和乐观主义所需的来世观念，以便让我们正在享有的美好时光不要结束得那么快，而将那终将来临的死亡赶走。

这些理性主义者都是对《新约》神话的深刻意义毫无所觉的诚实肤浅的人，他们无法超越犹太教的乐观主义。他们希望在历史和教义中都能获得浅显而未加任何渲染的真理。他们可以和古代的尤墨鲁斯学派[13]相比。

的确，超自然主义者带给我们的是神话，但这种神话却是传达深刻真理的工具，这种真理是不能用任何其他方法让一般大众了解的。两者的错误都是想在宗教中寻找浅显的、未加任何渲染的、实实在在的真理。但浅显、未加渲染和实实在在的真理只能在哲学中找到，宗教所具有的真理只是适合于一般人的真理，只是一种间接的、象征的、寓言式的真理。

基督教是一种反映某种真实观念的寓言，但这种寓言本身却不是真实的，把寓言看作真理是超自然主义者和理性主义者的通病。前者说寓言本身是真实的；后者则曲解它的意义，直到他们根据自己的看法使之还原成为真实的为止。因此每一方面都能提出适当有效的论点来驳斥对方。

理性主义者对超自然主义者说：“你的看法不真实。”

后者反驳前者说：“你的看法不是基督教。”

两方面都对。

理性主义者认为他们以理性为标准，可是，实际上，他们的标准只是一神论和乐观主义假设中所包含的理性，很像卢梭的《萨伏依代理主教宣言书》中提及的理性主义的那种典型。对于基督教教条，他们承认有效的只是从实质意义上认为真实的东西，即一神教和灵魂不朽。超自然主义者无论如何还有寓言真理，理性主义者则不可能有任何真理。理性主义者根本就错了。如果你是一位理性主义者，就应该成为哲学家，摆脱一切权威，勇往直前，无所畏惧。可是如果你是一位神学家，就应该和权威符合并坚守权威，即使硬要你相信无法了解的东西，也要坚守它。

一个人不可能服侍两个主人，因此必须在理性和权威之间选择一个。这里如果采取中庸之道，就会两头落空。不信仰，就进行哲学思考！不管你选择哪一种，都要全心全意。可是，如果只信到某一限度，过此便不再信仰，只进行哲学思考到某一限度，过此便不再进行哲学思考，这种缺乏决心的状态就是理性主义的基本特征。

那些认为科学可以继续进步和不断扩大而不会影响宗教持续存在和发展的人，是大错特错的。物理学和形而上学是宗教的敌人。说两者之间可以和平相处，那是天大的笑话，两者之间是一场殊死战争。宗教由于无知而产生，宗教不比无知维持得更久。当波斯诗人奥马尔烧毁亚历山大城的图书馆时，他了解这一点，他这样做的理由，即书本中的知识如果在《古兰经》中找不到，便是多余的、荒谬的。

其实，如果你不是太严肃的话，这种理由是非常尖锐的，它的意思是说，如果科学超越《古兰经》，就必是宗教的敌人，因此就不能让它存在。如果基督教的统治也像奥马尔般贤明，那么基督教在今天的情形就会好多了。可是，现在再去烧毁一切书籍那就太迟了。

人类从宗教中长大，正如从襁褓中长大一样。信仰和知识不可能在同一个头脑中相安无事，它们像一狼一羊同处一笼，知识势将吃掉信仰。在宗教所做的垂死挣扎中，我们看到宗教死抓住道德不放，想要表示自己是道德的根源。没有用！真正的道德并非基于宗教，尽管宗教认可道德也支持道德。

信仰有如爱，爱是不能强迫的：如果要强迫别人去爱，就会产生恨，因此最让人排斥信仰的就是这种强迫别人信仰的企图。

八 基督教已经衰亡

在基督教国家中文明达到顶点的原因并不是基督教最适合这种文明，而是因为基督教已经死了，不再产生多大的影响力。如果发挥其影响力，那么在基督教国家之间，文明会降到最低点。所有宗教都是反对文化的。

注释

1 马克斯穆斯大约死于公元前20年，他的作品《名著名言》几乎到现在还广为留传。

2 奥古斯丁（354—430），古罗马基督教思想家，著有《忏悔录》《论上帝之城》《驳异教徒》。

3 奥利金（约185—约254），早期基督教神学家，创立精神意义解释法，来诠释《圣经》，认为凡有损上帝的结论、逻辑混乱的经文等都应被诠释为“隐喻”。

4 因陀罗为《吠陀》经《梨俱吠陀》中的主神，司雷雨及战争等。

5 布鲁门巴哈（1752—1840），德国人类学家、解剖学家。

6 施特劳斯（1808—1874），德国哲学家。

7 罗兰为传说中查理大帝手下一员名将。

8 亚里斯托（1474—1533），意大利诗人。《奥兰多·弗利奥索》是文艺复兴时期最伟大的诗章之一。

9 塔西佗（约55—约120），古罗马历史学家。

10 佩拉纠主义，为佩拉纠所创，否认原罪，认为人有意志自由。

11 詹森教派为詹森所创，17世纪天主教会内的宗教改革派。

12 麦兰克洪（1497—1560），德国神学家和宗教改革家。

13 尤墨鲁斯学派，源于尤墨鲁斯，该学派认为，神是人间英雄和征服者的神圣化身。

论作品与写作

一

我们可以用象征的方式把作家分为三种，第一种像流星，第二种像行星，第三种像恒星。

第一种产生短暂的效果，我们注视着它们，大声地喊着："看呀！"然后，它们永远消失无踪。

第二种像行星，维持的时间较久。它们与我们比较接近，所以往往比恒星更为明亮，无知的人便误把它们当作恒星。但是，它们也会很快地空出自己的地位，而且它们只是反射别处的光，而它们的影响范围也只限于自己的同伴之间，即限于它们同时代的人之间。

第三种是唯一永恒不变的，它们固定于苍穹之上，发出自己的光芒，各个时代都受它们的影响。当我们的观察点改变时，它们的外观不会跟着改变，它们没有视差。

第三种与其他两种不同，它们不只属于某一天体，不仅仅属于某一国家民族，而是属于整个宇宙、全人类。但是，正因为它们如此高远，所以它们的光往往要许多年以后才能到达地球。

二

最重要的是，作家有两种：一种是为表达自己思想而写作的人，另一种是为写作而写作的人。前者心中具有某种观念或体验，他们觉得这种观念或体验值得表达出来；后者需要金钱，这也是他们写作的原因——为金钱而写作。他们的观念和思想是半真半假、含糊不清、勉强、游移不定的，他们总喜欢朦胧不清，这样就可以表现自己不曾经历的东西，这就是他们的作品缺乏明确感的原因。

你可以很快地看到，他们的写作只是为了填满稿纸，你一旦发现这种情形，就应该把这种书丢开。时间是宝贵的。报酬和保留版权表明文学事业的毁灭，只有完全为表达自己需要表达的东西而写作的作家才会写出值得写的东西。这好像对金钱有一种诅咒的心理。

每个作家，一旦开始为收入而写作，就会写得很坏。所有伟大人物的最伟大作品都是属于某一个时代的，在这种时代里，他们必须写出自己的作品，没有任何目的，所得报酬也非常少。因此有一句西班牙谚语告诉我们："荣誉和金钱不会出现在同一个袋子里。”

许多恶劣的作家完全依赖读者的低级趣味（就是只阅读刚印行的东西），这种作家就是新闻记者。这个名字安得真好，在英文里面，这个名字的意义是“日常劳动者”。

三

我们也可以把作家分为三种。第一种作家写作时没有任何思考。他们靠记忆、回想甚至别人的著作而写作。这种作家的人数最多。第二种作家写作时才思考。他们思考的目的是为了写作。第三种作家在写作前就进行了思考。他们从事写作只是因为他们有思想。这种作家最少见。

即使在写作之前慎重思考的少数人当中，也很少有人注意思想主题本身，大多数人只是关注书本，只是关注别人对这些主题表达过的东西。换句话说，如果他们要进行思考，就必须用别人创造的观念对他们进行有力的刺激。

那么，这些观念便是他们的直接题材，因此他们不断受到这些观念的影响，因而永远无法获得真正原创的东西。可是另一方面，上面所说的少数人却因主题本身而引起思考，因此他们的思考直接指向这个主题。只有在这些人当中才可以发现持久而不朽的作家。

只有取材于自己头脑中的作家，他们的作品才是值得阅读的。

四

任何一部作品都是作者思想的复制品。这些思想的价值如果不在内容方面即作者所思考的东西方面就在形式方面即处理内容的方式，亦即作者构思这些内容的方式方面。

构思的内容种类很多，正如它给予作品的益处一样多。所有经验材料即所有本性上和最广泛意义下历史的或物理的事实，都是这里所说的思想内容。特性是在对象方面，因此不论作者是什么样的人，作品可能都是最重要的。

可是相反，在形式方面，特性却在主体上。讨论的题目可能是大家都能接受的和熟悉的，但了解这些题目的方式、思想的形式则是价值所在，这是主体方面。因此如果这样的作品是可以称赞的和独特的，那么其作者也是应该受到称赞的。从这里我们可以知道，一个值得阅读的作者，他的价值越大，归因于他思想内容的地方就越少，这种内容的材料甚至是常见的和常被用到的。所以三位伟大的希腊悲剧作家，用的都是同一种内容的材料。

所以，当一部作品成名以后，一定要看清楚，它的成名根据到底是它的内容，还是形式。

一般读者对内容材料比较感兴趣，对形式方面兴趣则较少。这种情形在一般人对诗集所表现出来的可笑态度中表现无遗，他们不辞辛劳地探索产生诗作的真正事实或个人环境，的确他们对这方面的兴趣远比对诗集本身来得大。

拿歌德的《浮士德》来说，他们在这方面的研究比歌德本人看的书还要多，他们研究有关《浮士德》的传说，比研究《浮士德》更为专心。布格[1]曾经说过："他们对勒诺做学术式的研究，研究勒诺到底是谁。"我们已经知道，这种情形也发生在歌德的情形中。这种忽视形式而对内容材料的偏好，好像一个人忽视埃特鲁里亚美丽花瓶的形状和花纹，却要对颜料和陶土做化学分析一样。

五

思想的生命只延续到用语言表达时为止，一旦用语言表达出来也就僵化了，变成死的东西，却又改变不了，就像史前时代的动植物化石一样。我们的思想一旦用语言文字表达以后，就不再是真正的或根本上真实的了。当它开始为别人而存在时，就不再活在我们自己心中了，正如当小孩开始自己生活时便与母亲分开一样。

六

我们这个时代有许多没有原则胡说八道的人，产生了许多低劣而无益的作品，这种潮流不断兴起，文艺杂志应该成为抗拒这种潮流的巨石。由于它们的判断刚正不阿、明智严格，应该毫不假以辞色，鞭挞所有不够格作家写出的东拼西凑的低劣著作。所有空洞头脑借以填满腰包的废话，也就是全部作品中十分之九的作品，因而应该把反琐碎反欺骗看作主要责任。

可是它们并没有这样做，相反，却促进这些现象，它们卑鄙地容忍了作家和出版商联合起来，剥夺读者的时间和金钱。它们的作家通常都是教授或文人学者，这些人薪水不多，所以是为了钱而写作。于是他们有共同的目的，利益一致便联合起来，互相支持，彼此捧场。这就产生了赞扬坏作品的情形，文艺杂志上所登载的都是这种坏作品。其座右铭是：生活，我们要生活。

匿名写作可以庇护各种文艺上的无赖，所以应该取消。匿名写作之所以引入文艺杂志中，本就是保障诚实评论家不受作者及其读者的愤怒指责。但是，尽管如此，却有很多情形容许评论家的完全不负责任，甚至掩饰那些可以用金钱收买的卑鄙评论家的窘态，他们为了获得出版商的赏钱而向读者推介某些作品。

匿名写作往往只是用来掩饰评论者的晦涩、无能和无聊。一旦他们知道自己可以托庇于匿名之下时，这些人便会做出令人无法想象的卑鄙行为来，也不怕在文艺方面做出臭名昭著的恶行来。

卢梭在他的长篇小说《新爱洛绮丝》序言中说过："所有诚实的人都在自己所写的东西后面摆上自己的名字。"这句话更应该用在论战的作品上，即通常所谓的评论文章上！

七

风格是心灵的表现。心灵比身体更可信。模仿另一个人的风格，好像戴上面具，不管面具多么好看，可是它缺乏生命，很快就会被看出来而让人乏味和不可忍受。因此最丑陋的面孔也比面具要好。

风格上的装腔作势，可以和扮脸孔相比。

八

要想对某一作家加以初步的评价，不必知道他的思想的内容和形式，因为这要阅读他所写的全部作品——只要知道他如何思考就够了。现在，关于他如何思考，关于他思想的主要本质和重要特质，他的风格给我们提供了一个明确的印象。因为这表示一个人整个思想的形式性质，不管他思想的内容和形式如何，这种形式的性质总是一样的。这好像面糊一样，他可以把它捏成种种不同的样子。

正如有人问尤伦斯皮吉尔走到下个城镇需要多长时间时，他给这位问话者一个表面上毫无意义的回答："走！"其实，他的意思是想从步伐中知道一定时间内他能走多远，同样只要我阅读某一作家的几页作品，就多少可以知道我能从他那里得到多少益处。

第一个规则是必须有东西可以表达，的确，这个规则就是好风格的充分条件。

平庸者的作品枯燥乏味，令人生厌，可能是下述事实的结果，即他们一知半解地表达自己，就是说，他们并不真正了解自己所用文字的意义。因为这些文字是他们从别人处整套地学来的，因此他们所拼集的不是个别的文字，而是整套的话语框架，尽是一些“陈腐的词句”。

这让他们的作品明显地缺乏那种展现本身特色的明确观念，因为他们根本缺乏那种使观念明晰的素质，根本缺乏明晰的思想。相反，我们看到的尽是一些含混模糊的文字，流行的词句、陈腐的语句和时髦的惯用语。因此，他们模糊的作品，好像是用陈旧的字版印出来的印刷品。

关于上面所说著作中的令人生厌的问题，我们应再做一般的观察，即令人生厌的情形有两种：一种是客观的，另一种是主观的。

客观的令人生厌往往由于这里所说的缺点，即作者没有任何明确的观念或见闻知识可资表达。因为凡是具有明确观念或见闻知识的人都用直接方式把它们表达出来，因此总是表达出明确清楚的概念，所以他们的作品既不冗长乏味，也不含混，也不模糊，因而根本不会令人生厌。

即使他们的主要观念有错，然而仍旧是经过明确的思考和仔细的考虑，就是说，至少在形式上是对的，因此他们所写的东西往往具有某些价值。可是，相反，基于同样原因，客观上令人生厌的作品则往往毫无价值。

主观方面令人生厌只是相对的，这主要因为读者对某一题目缺乏兴趣：不过，这是由于读者本身的限制。因此最令人钦佩的作品，对某一读者而言可能在主观上使他讨厌。相反，最坏的作品对某一读者而言，可能在主观上觉得很有兴趣，因为该书所讨论的问题或作者本人使他产生兴趣。

一个装腔作势的作家，就像一个把自己打扮起来免得让人把自己和一般民众同等看待的人一样，这种风险是绅士人物从来不敢冒的，尽管他衣着一般。正如过分装饰和穿着华丽衣服反而表现出一个人的平凡一样，装腔作势的风格也足以表明作者平庸的头脑。

然而，如果你想像说话一样写作，这种想法也是不对的。所有写作风格多少都保持某种与碑文体相近的痕迹，碑文体确是一切风格的原始形式。因此这种企图和相反的企图一样，都应该批评，因为要想像写作一样讲话，一方面得有些学究气，另一方面也得有理解力。

含混和模糊的表达方式，总是最坏的象征，因为百分之九十九都是由于思想模糊，而思想模糊又是由于思想本身中原有的不和谐，不一致，是它的错误。如果头脑中所产生的是真正的思想，立刻就能寻求明确的表达方式，并且会很快达到目的。无论如何，明确地思考过的东西更容易找到适当的表达方式。

一个人所能琢磨出来的一切思想，总是用明白易懂和毫不含混的文字轻松地表达出来。凡是把困难的、模糊的、含混的论述摆在一起的人，都不真正知道自己在说什么。他们所具有的只是对它的一种模糊意识，这种模糊意识只是想尽力形成思想而已。可是，他们也时常想对自己和他人掩饰一个事实，即实际上他们并没有什么东西可以表达。

真理是完全赤裸的，表达真理的方式越简单，真理的影响便越深刻。例如对人生空虚所做的悲叹，有什么话比乔布的话更使人印象深刻呢？乔布说："人为妇人所生，日子短少，多有患难。出来如花，又被割下。飞去如影，不能存留。"

正因为如此歌德纯真的诗歌比席勒经过修饰的诗歌不知要高明多少。也正因为这个，民歌产生了强有力的效果。任何多余的东西都是有害的。

能够阅读的人当中十分之九以上的人，除了报纸，什么书都不读，因此他们的拼字法、文法和风格几乎都是根据报纸的，而且由于他们的单纯性甚至把自己对语言的扼杀看作简洁、优美和真正的改革。

的确，一般从事对学识要求低的行业的年轻人，只因为报纸是印出来的东西，就把报纸看作权威。因此国家应该慎重地采取行动，保证报纸完全不犯语言上的错误。国家应该设立检查者来监督报纸达成这个目的，检查者不支薪俸，只领奖金，每发现一个糟蹋语言或在风格上令人讨厌的文字、文法或语法结构上的错误或用错的介词、系词，就接受相当于20法郎的奖金；若发现风格和文法上的笑话，则接受60法郎奖金，若一再发现，则奖金加倍，这些奖金应由犯错者支付。

德国语言是任何人的玩物吗？下贱的人都受到法律的保障，难道德国语言竟是微不足道而不值得法律如此保障的东西吗？可怜的凡夫俗子！如果准许所有胡说八道者和报纸作家有无限权限任意而愚昧地运用语言的话，德国语言不知道要变成什么样子。

九

风格方面的错误是它的主观性，由于文学的没落和古代语言被忽视，这种风格方面的错误越来越普遍，但是只有在德国才不受限制。

这种错误是这样的，作家只要自己了解自己的意图，就满足了，作家可能不管读者，让读者自己随意体会。作家不理会这种困难，继续写出自己的东西，好像一个人独白似的。可是，实际上应该是一种对白，而在这种对白中，表达者必须明确地表达自己，不要使对方产生任何疑问。

正因为如此，风格不应该是主观的，而应该是客观的。所谓客观风格是下述的一种风格，在这种风格中，语言安排使读者和作者所想的完全一样。但是只有当作者还记得思想是服从重力法则的，因而从头脑流溢于纸上远比从纸上灌输到头脑中容易。因此要从纸上把思想灌输到头脑就需要我们的主动配合，只有当作者知道这一点时，才会产生上述情形。

如果真的产生了这种情形，那么文字就像完成了的油画一样，在一种完全客观的方式下发生作用；而主观的风格很难比墙上的污点发挥更多的效果，只有被这些污点激发想象力的人才能在其中发现某些形状和图画。对其他的人而言却只是污点而已。

这里所说的区别适用于整个思想交流方式，但是也可以在个人交往中表现出来，例如我刚在一部书中读到的“我的写作不是为了增加现有书籍的数量”这句话所表示的，正是与作者的原意相反的废话。

一〇

凡是草率写作的人，一开始就表示自己并不认为自己的思想有价值。因为只有对思想的重要地位和真实程度的信心，才能激发我们不屈不挠地热心发掘最明晰、最有力和最引人注目的思想表达方式。正如只有宝贵的东西或无价的艺术品才值得使用金银盒子一样。

一一

很少有人像建筑师造房子一样写作。建筑师造房子时往往事先绘图并仔细思考最微小的细节。大多数人的写作，像是玩骨牌游戏，他们的句子像骨牌游戏一样，一个一个连在一起，有的是经过思考的，有的则是十分偶然的。

一二

写作艺术中最重要的原则应该是：任何一个人在同一时间内只能想一件事情，因此我们不应要求他在同一时间想两件事情，更不应要求他想两件以上的事情。但是，如果我们在句子中插入括号，把句子分开以适应括号中的文字，那么，这就是要求一个人在同一时间想两件或两件以上的事情，这种做法会引起不必要的混乱。

在这方面，德国作家违反得最严重。德文比其他现存文字更易助长这种错误，可以解释这个事实，但不能以此为借口。用任何文字写出来的散文，都没有比用法文写出来的散文读来更轻松愉快，这就是法文通常不会犯这种错误的原因。法国作家以最合乎逻辑和自然的顺序将自己的思想一个一个地表达出来，然后一个一个地摆在读者面前。因此读者可以全力注意其中的每一个思想。相反，德国作家却不同，德国作家把所有思想交织在复杂的句子里，因为他一定要在同一时间内表达好几件事情，而不是把它们一个一个地表达出来。

德国人真正的国民性格是阴郁沉静的。他们的步法、活动、语言、谈话、叙述方式、理解和思想方式中，尤其是写作的风格明显地表现出这一点。从他们喜欢使用冗长滞重而复杂的句法中，也能更明显地看出这一点。

冗长滞重而复杂的句子增加记忆的负担，让我们无助，一直到句子的最后，才能看出因由，才能解开这个谜。这是他们所喜欢的东西，如果他们也能装腔作势和说大话，一定也会在其中显示出来。可是这么做只会失去读者。

把一种思想直接置于另一种思想之上，这显然违背一切健全理性。但是，如果一个作家在自己已经开始表达的语句中加上某些完全不同的东西时，就会出现这种情形，于是这时读者所看到的，只是毫无意义的一半句子，直到另一半句子出现时，才能完全把握它的意义。这就像给客人一个空盘子让他希望有东西在盘中出现一样。

如果括号与原来的句子并不是密切贴合在一起，只是为了直接破坏句子的结构而插进去的，那么这种造句的方式就达到了不雅致的极点。如果我们说，打断别人的说话是一种不礼貌的行为，那么打断自己说话也同样是一种不礼貌的行为。可是这种行为却出现在下述造句法中，多少年来，所有以赚钱为目的下等的、粗心的胡说八道的家伙，每一页都用括号五六次之多，并且以此为乐。

这是突然停止一个词语以便加上另一词语的拙劣方式。不过，他们这样做，不只是由于惰怠，也由于愚昧，他们认为这是一种可以让论述有生气的做法。其实只有在很少的情形下，这种句法才有存在的理由。

一三

任何著作的特质：例如劝诱力或丰富的想象力、使用比喻的才能、大胆、严苛、简明，在他们的步法、活动、语言、简洁、单纯中明显地表现出来，而不能靠阅读表现这些特质的作品而获得。可是，如果我们早已具备这些特质，如果这些特质是我们的自然倾向，如果这些特质潜在于我们自己身上，那就可以通过阅读别人的作品而唤起自己身上原有的这种特质，我们就可以发觉这些特质，看看这些特质能够产生什么结果。在我们的自然倾向中加强这种特质，在我们大胆运用这种特质时加强这种特质并判断其效力，因而学习如何正确地运用。

只有在这种时候，才算实际地具有这种特质。这是阅读可以有助于写作的唯一方式。它在我们对自己天赋才能所能有的运用中大有裨益：因此只有当我们具备这种才能时，它才会对我们有所裨益。如果我们不具备这种才能，就无法从阅读中学到东西，只能学到僵硬的形式而成为肤浅的模仿者。

一四

我们图书馆的书架上一层一层地保留着过去的错误，像地层中一层一层地保留着古代生物的遗骸一样，而对错误所做的解释也保存了下来。这些错误以及对错误所做的解释曾经是非常生动的，在它们所在的时代也产生过很大的骚动。可是现在却僵化了，只有古生物学家和考古学家才会重视它们。

一五

据希罗多德说，泽尔士一世[2]看到自己无数的军队时心想，在这么多人当中，没有一个人会活到一百岁。因此眼泪便流下来了。同样，今天当我们看到厚厚的书目时应该知道，在这些书籍中，没有一部书会留存十年，我们也不得不流泪了。

一六

不读书的艺术是一种非常重要的艺术。不读书的艺术是对那些在任何特定时间引起一般读者兴趣的作品，根本不产生兴趣。当某些政治上或教会方面的小册子、小说、诗歌产生很大影响时，你应该记住，凡是为愚者写作的人都很容易获得大量的读者。

读好书的先决条件是不读坏书，因为人生是短暂的。

一七

如果你有时间读好书，那么买好书是一件好事。可是通常人们总是误认为买书就得到了书中的宝藏。

一八

就世界历史来说，半个世纪算得上是相当长的时间了。因为，就历史上经常发生的事件而言，它的内容经常变动。可是相反，在文学史上来说，半个世纪根本不算多长的时间，因为没有什么事件发生：情形还是和50年前一样。

与这种情形一致的是，我们发现科学、文学和艺术的时代精神大约每隔30年就解体一次。因为在此期间，每个时代精神中所蕴含的错误已经成熟了，这些错误的荒谬的压力摧毁这种时代精神，同时也助长了相反观点的力量。这样就突然产生一种变动，但是继之而来的是另一方面的错误，把这种情形周期性重复展示出来是文学史中真实的内容材料。

希望有一天有人写出一部文学的悲剧史，告诉我们，很多国家现在虽然把它们伟大的作家和艺术家引为无上光荣，可是当这些人在世时，它们又是如何对待自己的艺术家的呢？在这种历史中，会告诉我们，各个时代、各个地区的真正优秀的作家，往往要耐心地对抗最坏和最顽固的作家和艺术家。

作者会描述所有人类真正的启蒙者，各种艺术的伟大大师的痛苦。作者会让我们知道，除了少数的例外，这些人如何在贫困和不幸中受苦，没有赞誉，没有同情，没有门人，而名声、荣誉和财富却都被无价值的人拥入怀中。

他们的命运多么像以扫[3]的命运，当以扫外出打猎为父亲觅取猎物时，他弟弟雅各夺去了父亲对他的祝福。最后这一故事也告诉我们，尽管有这些阻难，但是他们对自己事业之爱却支持着他们，一直到这样一位人类教育家的坚苦奋斗获得最后胜利，永不凋谢的桂冠向他招手，而歌颂他的时刻也就到来了：

沉重的甲胄，变成孩童轻便的衣服；

痛苦短暂，快乐无穷。

注释

1 布格（1747—1794），德国诗人。他的歌谣《勒诺》是德国所有诗歌中最有名的作品之一。

2 泽尔士一世（约前519—前465），即薛西斯一世，波斯帝国国王，在位时间为公元前486—公元前465。

3 以扫为以撒长子，事见《圣经·创世记》。

杂论

一

1

我们不要像英国人一样，认为自然和艺术的创造物证明了上帝的智慧，我们应该从这些创造物中了解：通过观念而来的一切东西，通过心智而来的一切东西，即使让心智达到了理性的地步，可是与直接来自于意志的东西比起来，心智产生的东西仍旧只是拙劣的东西而已，这种直接来自于意志的东西并不通过观念而传达，自然的创造物就是这种来自意志之物的例证。

这是我的论文《论处于自然界中的意志》的主要旨趣。

2

在没有受过哲学训练的人之中，包括所有不曾研究过康德哲学的人即大多数外国人，同样也在许多当今德国物理学家及其他专家之间存在着古老的根本错误的心物对立观念。

因为他们还是基于自己的一套看法来从事哲学思考。基于这种错误的对立观念就催生了许多唯心论思想家和唯物论思想家。后者主张，通过物质的形式和内容可以产生万物。因此也产生人类的思想和意志；而前者则极力反对这种说法。

不过，事实上，虽然这个世界确实有许多无意义的观念和幻想，然而却没有精神，也没有物质。一块石头中力的作用像人类大脑中的思想一样，也是完全不可解释的，这个事实表明石头中也有精神或思想的存在。

基于这个理由，我会告诉这些争论者：你们相信自己认知到的死的东西，即缺乏一切性质的完全消极的东西，因为你们认为自己能真正了解溯源于机械效果的一切东西。但是，如果你们不能将物理和化学效果归结到机械效果的话，就无法明确了解这些物理和化学效果，机械效果本身也是一样。由重量、不可入性、内聚力、硬性、刚性、弹性、流动性等等产生的种种表现方式——正如其他东西一样神秘难解，其实，也像人类头脑中的思想一样神秘难解。

如果物可以（你不知道为什么）落到地上，也就可以（你也不知道为什么）具有思想。机械学中可以真正彻底了解的东西，不论做什么解释，都不能超出纯粹数学的性质之外；就是说，只限于决定它的空间性和时间性。可是空间性、时间性以及支配二者的法则都是先天地被我们所知，因此也只是我们知识的形式，也只属于观念的范围。

因此，从根本上看，决定它们的东西是主观的，不含有纯粹客观的东西即不含有独立于知识之外的事物本身，甚至在机械学上，如果我们越过纯粹数学的东西，如果我们接触到不可入性、重量、刚性、流动性、气态，就会碰到那些像人类思想和意志一样让我们惊叹不已的表现方式，就是说，碰到那些无法理解的东西，因为所有的自然力量都是无法探测的。你们都知道物是什么，都了解物的性质，想以物来解释一切，想把一切东西都归结为物，但是物又在什么地方呢？

如果你们假设人类脑子里存在着“思想”，正如我们早已说过的一样，你就不得不承认所有石头中也有思想。相反，如果你们所谓的死的和纯粹被动的“物”，也能像重量一样产生力的现象，或像电一样产生吸引排斥和火花的现象，就也能像神经组织一样从事思想活动。总之，一切表面的现象都可归结为物，但一切物也都可归结为思想。因此两者之间的对立是虚假的对立。

3

在所有科学中，让大众印象最深刻的，莫如天文学。人们对牛顿近乎盲目的崇拜，简直让人无法相信，尤其是在英国。几年以前，时报称他为“人类中最伟大的人”，1815年（据《观察报》的报导），一位贵族出750英镑高价，买了牛顿的一颗牙齿，装在自己所戴的戒指上面。

对这位数学大师的崇拜竟然达到如此可笑的程度，原因在于：牛顿曾确定质量的运动，并把这种运动归因于产生这种运动的自然力量，人们便以质量的重要性作为衡量他的功劳的标准（其实，这一点并非牛顿的发现，而是罗伯特·胡克[1]的发现，牛顿只是用数学来加以证实而已）。否则，我们就无法理解为什么他会比其他将某一特定结果归因于某一自然力量的人得到较高的荣誉，或无法理解为什么不把拉瓦锡[2]看得和他一样高。

另一方面，把牛顿看作“第一个明确表述了重物的运动是机械问题的人”（《大英百科全书》）。把某些特定现象解释为各种不同自然力量的联合行动，甚至发现这些自然力量只是这种解释的结果，这个工作远比只思考两种自然力量的工作困难得多，远比只考虑像重力和下落性质这种在无阻力空间单纯运动力量的工作要困难得多。数学的准确和天文学的精确度，就是建立在其内容单纯的基础之上，由于天文学和数学的精确性本质，世人惊奇地发现人类居然能够宣布无人发现过的行星的存在。

最近的成就，虽然获得前所未有的赞扬，可也只是一种从结果追溯原因的推理活动而已，这种推理活动被下面所说的那位行家运用到更为奇妙的地方，这位行家从一杯酒里断定装酒的大桶中有皮革，起初人们不相信，等酒桶干了，果然在桶底发现一把系以皮革的钥匙。

这个推理活动与发现海王星的推理活动毫无差别，唯一不同的地方是在实际应用方面，只是对象有差别。这样看来，它的差别是在内容方面，根本不是在形式方面。

4

时下对“生命力”观念的反对，与其说是错误的不如说是愚昧的。因为凡是反对生命力的人就根本否定了自己的存在，因此也可以说达到极端荒谬的地步。不过，如果这种荒谬出自医生药商之口，就表明最卑鄙的忘恩负义，因为生命力正是克服疾病以及使这些人得以赚钱的东西。

宇宙中有一种自然力量，其主要性质是从事有目的的活动，正如重力的主要性质是使物体结合起来一样，这种力量改变、指引和规定有机体的全部活动在有机体中的表现方式，与重力表现于物体落地现象中一样，如果宇宙中没有这种自然力量，生命便只是一种外观幻象，而一切东西实际上都只是机械性的，即机械、物理和化学力量的作用。

诚然，动物体内有物理和化学力量，然而使物理化学力量合在一起并支配它们从而构成一种意志活动和持久有机体的因素却是生命力。如果认为物理化学力量本身可以产生生命有机体的话，那不但是一种错误而且更是愚昧。这个“生命力”就是意志。

实际上，生命力和意志是一个东西，因此凡是自觉为意志的东西在无意识的有机生命中都是作为自发的生命力。以此类推，我们可以得出一个结论，其他种种自然力量从根本上看都和意志是一个东西，只是在这些力量中意志客观化的程度低一点儿而已。

5

我在我的主要著作中说：“生殖官能和身体的表面官能不同，生殖官能完全服从意志的支配，根本不服从理智的指导。的确，意志几乎独立于知识之外，就像那些只对刺激做出反应就能促进繁殖的植物生命一样。”[3]

事实上，观念不像其他情形那样影响意志，即用赋予动机的方式影响生殖官能，而是直接用刺激物影响生殖官能，因为生殖器的勃起现象是一种应激反应，因而是直接的，也只有当观念表现出来时，它才会影响生殖官能的运作。

要想让观念产生有效的作用，另一个必要条件是使这些观念出现相当一段时间，而以赋予动机的方式产生影响作用的观念，其出现的时间却非常短促而其效力也总是与出现的时间长短无关，并且某一观念对生殖官能的效力像赋予动机的效果一样，不能被另一个观念取消，除非这个观念压倒了前一观念的意识让前者不再出现。

但是，在那种情形下，即使第二个观念中并不含有与第一个观念相反的东西，其效果也永久地丧失了，这就是反动机所必需的代价。因此女人的出现，如果以赋予动机的方式（例如生孩子或履行义务）对男人产生影响作用，不管这种动机本身多么强烈，也不足以构成性行为，她的出现必须是以直接刺激物的方式来影响男人时才会产生性交行为。

我很赞同下述看法，即除了少数例外情形，疾病只是自然本身所产生的对生命有机体的某种失调现象的治疗过程；为了达到这个目的，富有支配力量的自然治疗力就诉诸非常手段，正是这些手段构成我们所谓的疾病。

这种情形的最简单的实例是伤风受凉。当我们受凉时，表皮的活动麻痹了，体内气体的排泄受阻，这种情形可能导致死亡。但是，当这种情形发生时，内层皮肤即黏膜便接替表皮工作。这就构成了一般所谓的受凉，虽然这也是一种疾病，可是很显然的，这种疾病只是治疗发觉不到的真正疾病的过程，即治疗皮肤作用中止的过程。

这种疾病也经历与其他主要疾病同样的几个阶段：发病－病势加剧－达到最高点－减退；开始是急剧的，渐渐地变得缓慢，然后停留在这种情形下，直到那根本的但未发觉的毛病即皮肤作用的麻痹现象消失为止。所以如果勉强压制受凉，那是非常危险的。几乎所有的病在本质上都是这种过程，其实这些疾病都只是自然治疗力的药物而已。

二

我最反对泛神论的地方是：认为它没有意义。当我们说世界是神时，并没有解释世界，只是为“世界”这两个字加了一个不必要的同义词而已。无论你说“世界即神”或“神即世界”都没有分别。

如果你从神出发，把神当作假设的和应该解释的东西，说“神即世界”。这样一来，你固然做了某种解释，用模糊的事物来解释更模糊的事物，然而这种解释仍然只是字面上的解释而已。如果你从实际所有的事物即世界出发说“世界即神”，很明显这也没有表达什么，充其量只是以更模糊的事物来解释不太模糊的事物而已。

因此，我们可以说，泛神论必先假设一神论的存在。因为只有先假定一个神即先有一个神并认识这个神，最后才能把他和世界合一然后再来否定他。你不曾毫无成见地从那需加解释的世界出发，你从那假定的神出发，但是，你并不知道如何看待这个神。

所以让世界接替他的角色。这就是泛神论的起源。因为如果一个人对世界采取没有成见的观点而把世界看作神，那么这种情形就不会发生在他身上。很显然，这一定是愚蠢的神，除了将自身转化为这样的世界以外，就不知道有更好的事情可做了。

如果我们重视它而不是只把它当作一种伪装的否定，那么人们假设泛神论代替一神论所表明的巨大进步就是未经证明和难于想象的东西，变为彻底的愚昧。因为不管神这个字所含有的概念多么模糊不清，多么混乱，有两个属性却和它分不开：无上的力量和无上的智慧。但是一个东西若具备这两种属性竟然还来到这样一个世界，真是荒谬透顶。因为我们在这世界的处境，莫说全知者不愿意来，就是具有智慧的任何一个人也不会愿意来。

三

1

在希腊的许多神祇中，我们可以看到最深刻的本体论和宇宙论原理的寓言式表现。乌拉诺斯[4]代表空间，代表一切存在物的第一条件，因此也是最初的生产者（父）。克洛诺斯[5]代表时间。他阉割了生殖的根源，即时间消灭一切生殖力：或者说得更确切一点儿，在原初世界之后产生新形式的能力、产生生命族类的主要能力失去了。从父亲的那种贪婪中跳出来的宙斯代表物质，只有他逃过了时间毁灭其他一切东西的破坏力，因而物质永久存在。一切其他的东西都从物质而来，宙斯是诸神和人类的始祖。

2

人类与动物以及所有其他世界的持续存在、统一，大宇宙与小宇宙的存在和统一是由神秘难解的狮身人面怪物斯芬克司、人头马怪物森陶斯、月之女神阿耳忒弥斯及其无数乳房之下不同的动物形象所表明的，就像由埃及的人身兽首怪物和印度以及尼尼微的牛头狮身怪物表明的一样，尼尼微的牛头狮身怪物使人想起人狮神的化身。

3

伊阿珀托斯的诸子代表人类性情的四种基本特质以及由此而来的痛苦。阿特拉斯[6]代表忍耐，忍受一切苦痛而永久支持下去。墨诺提俄斯代表勇敢，他遭受压制而被投入毁灭之中。普罗米修斯[7]代表聪明智慧，埃庇米修斯[8]代表轻率没有头脑，因自己的愚鲁而受罚。

4

我常常觉得关于潘多拉[9]的传统不可理解甚至荒谬反常。我怀疑赫西奥德可能对它有所误解而歪曲了它的意义。潘多拉盒子里所装的并非都是坏东西，反而是好东西（正如她的名字所表示的）。当埃庇米修斯轻率地打开盒子时，一切好东西都跑出来散开了，只有“希望”还保留在里面，仍然和我们在一起。

5

神话描写克洛诺斯吞食并消化石头，这不是没有意义的，因为以种种方法都无法化解的东西：所有的痛苦、烦恼、损失、忧愁，只有时间才能冲淡。

6

宙斯将提坦巨人投入深不见日的地狱，提坦巨人败亡的故事似乎和反抗耶和华的天使的败亡故事如出一辙。履行誓约而牺牲自己儿子的伊多曼尼斯[10]的故事和犹太法官耶费莎的故事，在本质上是一样的。

哥特语和希腊语都源于梵语，希腊神话和犹太神话是不是也从一种更古老悠久的神话而来呢？如果你愿意发挥你的想象力，甚至可以说，宙斯和阿克曼尼[11]生海克力斯那夜之所以比平时长一倍是因为东方耶利哥城的约书亚要太阳停住不动了。[12]这样，宙斯与耶和华彼此协助，天上的诸神和地上的诸神暗通声气了。但是宙斯神的销魂与耶和华及其所选的那批盗匪的残忍的行动比起来，显得多么天真无邪。

7

大家都知道，我的哲学最高旨趣是禁欲主义立场：从我的哲学立场去看，生命意志的肯定集中于生殖活动，生殖活动是肯定生命意志的最准确表现。从本质上看，这种肯定的意义如下：原本无知因而成为盲目冲动的意志，通过观念世界而认识自身的本性，却不让自身被这种知识所扰乱或困于欲望和激情之中。

因此它自觉地欲求以往那种被当作无知动机和冲动的东西。根据这一点，我们发现，凡是透过意志的纯洁而以禁欲主义方式否定生命的人，从经验上看与那通过生殖活动而肯定生命的人不同，在前一情形中所发生的是不知不觉的盲目的生理现象，但在后一情形中是以自觉方式实行的，因此是借助知识才发生的事情。

事实上，很显然这种与希腊哲学精神毫不相关的抽象哲学观点以及证明这种观点的许多经验事实，在赛姬[13]的美丽传说中具有确切的寓言意义。据传说记载，只有当赛姬没有见到自己所爱之人时才被允许享受爱情的乐趣，可是赛姬不理会这种警告，坚持要看到自己所爱之人。因此依照神秘力量无法抗拒的天命，她陷入极端不幸的境地，只有经过地狱深渊并在地狱中经历苦役之后才能离开这种不幸的境地。

四

我总认为历史和诗是完全对立的，历史与时间的关系正如地理与空间的关系。对两种关系的研究其性质是一样的，也只是真正意义下的科学，两者的题材不是普遍真理而只是个别事物。那些希望知道某些事情又不必从事需要科学理性工作的人总喜欢研究历史。

在我们这个时代，这种情形比过去更为普遍，因为每年都有无数的历史著作问世。在历史著作中所看到的只是同样事物重复出现，无法看到其他东西，正如我们转动万花筒时，所看到的只是形状不同的同样东西一样。所以我没有继续责难，因为我对这方面没有兴趣。

许多人想把历史看作哲学的一部分，其实是想把历史和哲学相混淆，他们认为历史可以代替哲学，我反对这种看法，我觉得这荒谬可笑。人们往往偏爱历史的原因，可以从平常所看到的社交谈话中得到解释：某人描述某种事情，另一个人又描述另外一种事情，在这种情形之下，每个人都相信自己所看到的东西。同样，在历史上，我们也看到人们是为了个别事物本身才专心于个别事物的。

另一方面，既然动物学可以考虑到种类问题，那么历史也可以视为动物学的延续，而在人类的情形下，由于人有个性，所以我们也必须认识个体以及影响个体的个别事件。历史在本质上的不完整性就是这个事实的直接结果，因为世俗事件是数不清的，对历史的研究而言，你所知道的东西绝不会减少所有东西的总量。

对一切真正的科学而言，至少可以想象一种完整的知识。当中国和印度的历史在我们眼前打开时所显示的无穷内容，会使我们了解这门科目是荒谬的，也使那些期望这种知识的人明白，人类必须在一中发现多，在个案中发现法则，在人类活动的知识中发现各个民族的风俗习惯，但不要用无限的观点去看事实。

在上面所说的历史本质的不完整之外，我们还要认识到一个事实，就是掌管史诗和历史的女神克莉奥染上了说谎的毛病，正如娼妓染上梅毒一样。我认为历史上所描述的事件和人物与实际比起来多少有点像书籍前面对作者的描述与作者本人实际情形之间的比较，只是约略相似，因此也仅仅是约略相似，有时候甚至根本不相似。

报纸是历史的秒针。可是，不但这种秒针的金属比其他两种指针低一等，而且走得也不准确。报纸中的“社论”好像时代剧的合唱歌。无论从哪方面看，“夸大”对新闻写作的重要性正如对戏剧写作的重要性一样，因为其目的就在于尽量制造事端。

所以，出于对他们职业的考虑，一切报纸作家都是大惊小怪的家伙，这是他们使别人对自己产生兴趣的方法。可是，实际上，他们所做的就像小狗一样，只要任何东西动一动，就会大声狂吠起来。所以我们不必太在意他们的惊慌，我们要了解报纸是放大镜，只有这种放大镜才会尽量把东西放大，报纸往往捕风捉影。

正如每个人都具有一定的面相，我们可以借此对他做个暂时的评断一样，每个时代也具有同样特别的面相。每个时代的时代精神都像吹过万物的强烈东风一样。你可以在一切完成的东西中发现时代精神的痕迹，也可以在一切思想和作品、音乐和绘画、种种流行的艺术中发现时代精神的痕迹，它在一切东西和一切人物身上留下标志或痕迹。

所以，一个时代所习用的无意义的惯用语，也必定是一种没有曲调的音乐和没有目的的形式。因此一个时代的精神也给予自身一种外在的面貌。这种时代精神的基层部分往往表现在建筑方面：建筑形式之后，接下来的首先是装潢、器皿、家具和各种用具，最后会影响到衣着以及头发和胡子的样子。

五

1

如果你要评断天才的价值，不应拿他作品中错误的地方或差一点儿的作品作为标准，而是应该拿他杰出的作品作为标准。因为即使在智慧领域内人性也有固有的弱点和荒诞之处，甚至最有才华的人也往往无法完全避免。

所以即使在最伟大人物的作品中，也可以指出许多严重的错误，因此贺拉斯说："荷马也有打瞌睡的时候。"另一方面，使天才与众不同的因素以及评断天才的标准是在时机和心境成熟时天才所能达到的成就，而这种成就是才能平凡的人永远无法达到的。

2

在智力的价值方面最大的不幸是要等待那些只能产生拙劣作品的人去赞扬优秀的作品；其实这种不幸早已存在于下述普遍事实中：优秀作品需要接受人类判断力的评定，而这种判断力却是大多数人不具备的，正如阉割的人没有生孩子的能力一样。

大多数人所缺乏的就是这种辨别的能力、判断力。他们不知道如何辨别真假，如何辨别精华和糟粕，如何辨别黄金和铜锡，他们感觉不出平凡大众和英才俊杰之间的极大差距。结果就产生下述古诗中所描述的情形：

伟大人物命中注定只有在死后才为人所知。

在各种科学中，这种缺乏辨别能力的现象也同样明显。任何一种科学上的理论一旦获得了普遍的相信以后，就会继续公然藐视真理好几百年。例如，经过一百年之后，哥白尼的日心说还没有取代托勒密的地心说。培根、笛卡儿、洛克也是很缓慢地才获得人们的信任。牛顿的情形也是一样，只要你看看莱布尼茨和克拉克谈话中对牛顿万有引力说所表现的憎恶和嘲笑，就可以明了这一点。

在《自然哲学的数学原理》一书问世后，牛顿几乎还活了40年，可是他死时，他的理论只为英国人所承认而且还是部分地承认。伏尔泰在解释牛顿理论的序言中告诉我们，在英国以外，相信牛顿理论的还不到20人。另一方面，在我们这个时代，牛顿有关颜色方面的荒谬理论，虽然在歌德关于颜色的理论问世40年后的今天，却仍然被人相信。

虽然休谟很早就出版作品，而且他的写作风格也彻底大众化，可是他在59岁以前却一直不为人注意。虽然康德终生著书教学，可他60岁后才成名。

诚然，艺术家和诗人比思想家的处境好一点儿，因为艺术家和诗人的读者大众至少比思想家的读者多一百倍。然而，莫扎特和贝多芬在世时，人们重视过他们吗？但丁、莎士比亚在世时，人们重视过他们吗？

如果莎士比亚的同时代人对他的价值有任何认识的话，在那个绘画艺术非常发达的时代里，无论如何都会给我们留下他的最可靠的画像。然而，实际上我们所得到的，只是一些完全不可靠的图像，一座拙劣的雕像，甚至一座更坏的墓石半身像。如果同时代的人重视他的价值，今天我们也会拥有他的无数原稿而不致只有两个法律上的签名。

每个葡萄牙人都以他们唯一的诗人卡蒙恩斯[14]为荣。可是他却靠别人的施舍为生，每天晚上，一个他从印度带回的黑小孩到街上替他把施舍品取回来。

正如阳光必须用眼睛去看才会感受到照耀，音乐必须用耳朵去听才会感受到美妙一样，艺术和科学中杰作的价值也必须有识者来欣赏它。只有这种人才具有魔法可以激发杰作中禁闭的幽灵而使其现身出来。在这方面，无论他多么想欺骗自己，然而平庸的人面对着它好像面对着一个自己无法打开的魔盒一样，或者像面对着一件自己不能演奏，只能发出断断续续噪声的乐器一样。一部优美的作品需要感受力锐敏的人欣赏它，一部有思想的作品则需要一个有思想的人去阅读它，这样才能算是真正存在而有生命。

3

伟大人物和他们生活的短暂时期有关，正如巨大建筑物和它们坐落的小块地方有关一样，你无法完全看到他们的巍峨伟大，因为你离他们太近了。

六

1

当你们看到世界上有这么多教学机构挤满老师学生时，可能认为人类专心致力于追求智慧和见识。但事实不然。老师们教学生，是为了赚钱，他们所追求的不是智慧，而是智慧的表面，并且要表现自己有智慧；学生们求学，也不是为了获得知识和见识，而是求学之后，可以把知识和见识当作闲谈的材料，还可以装腔作势一番。每隔30年，都会产生新的一代，他们一无所知，却想一口吞下人类几千年来累积的知识，然后自以为知道得比过去所有的加起来还要多。

他们上大学去搜求书籍，尤其是搜求最近出版的书籍，最近出版的书籍是他们同时代的东西。一切都快速，一切都新奇，像他们自己一样神奇。然后，这一代带着他们自己的信念一起消逝了。

2

各个时代的各种学者和博学的人通常都是广求见闻而非寻求见识。他们认为对一切事物都有所见闻乃是一种光荣。他们没有想到，见闻只是达到见识的工作，本身的价值很少，甚至根本没有价值。当我看到这些见闻广博的人知道的东西那么多时，有时对自己说：这种人思想层面的东西多么少呀；他们大部分时间都用在读书上面了。

3

博学与富有才华相比，正如植物标本簿和那不断更新永远变化的植物界相比，再没有比注释家的博学和古代作家的童真之间的差别更大了。

4

业余爱好者，业余爱好者！这是那些为收入而专门从事艺术或科学工作的人，对那些基于爱好以及乐趣而从事者的贬抑语。这种贬抑是基于他们世俗的看法，即认为除非为需要、饥饿或其他贪欲所驱使，否则没有人会重视一件事情。

一般人都具有同样的展望，也具有同样的看法，这就是人们普遍尊重“专业者”而不信任业余爱好者的原因。其实，业余爱好者以事情本身为目的，而专业者却以之为手段；而只有直接对事情本身有兴趣，只出于爱好而从事一项工作的人才会全心全意。最伟大的东西往往出自业余爱好者而非出自专门从业者。

5

不再把拉丁文当作普遍的学术语言，以本国方言文学代替拉丁文，这是欧洲科学和学问事业方面真正的不幸。通过拉丁文的媒介，欧洲的普遍学术沟通才会存在。在整个欧洲，能够思想和有判断能力的人已经够少了，如果他们之间的沟通由于语言的障碍而断绝和瓦解的话，他们的有利效果就大大地减少了。可是除了这个大大的不利以外，我们还可以看到更为不利之处：很快，人们就不再学习古典语言了。在法国，甚至在德国，忽视古典语言之风早已达到极点。

早在19世纪30年代，《罗马法典》被译成德文，这件事就表明，人们已经忽视一切学问基础的拉丁文，就是说，野蛮不开化的现象已经出现了。现在，希腊文甚至拉丁文作者的作品已经用德文注释出版了。不管人们怎样说，造成这种现象的真正原因是编者不再知道如何用拉丁文写作，而我们年轻的一代人也非常高兴地跟着他们走向懒怠、无知和野蛮不开化的道路。

比这种现象更应该受到指责的做法是，在学术著作中尤其是在学术刊物中，甚至那些由学术机构出版的书刊，从希腊文作家甚至从拉丁文作家引来的话，竟然用德语译文引述出来。难道你们是为裁缝和补鞋匠而写作吗？

如果这是实际情形，那么人文、高尚格调和教养，再见吧！人类尽管有铁路、电气和飞行工具，却又回到野蛮状态了。最后，我们失去所有祖先享有的另一种便利：不但包括拉丁文为我们留下的罗马文化遗产，而且也包括整个欧洲的中世纪和近代以至上世纪中叶的成果。9世纪的艾利基拉[15]，12世纪的沙利斯伯里的约翰，13世纪的勒里[16]及其他许多人，他们思考学术问题时，都用自己觉得自然和适宜的语言表达接近我，我与他们保持直接的接触，知道如何真正去了解他们。

如果他们用当时自己本国的语言写作，情形会怎么样呢？我只能了解他们的一半，而真正心灵上的接触却不可能，我会把他们看作远方的剪影，或比这更坏，好像是通过望远镜去看他们似的。为了防止这一点，可以像培根明确宣称的那样，他把自己的论文译成拉丁文，题名为《信徒的诫言》。不过，在这方面，他曾得到霍布斯之助。

我们应该说，如果想在学问范围中表现爱国之心，那么就像脏兮兮的人一样，应该将其抛出门外。当我们纯粹以普遍的人类作为唯一关心的对象时，当真理、明晰和美成为唯一有价值的东西时，如果我们敢于把自己对国家的偏爱作为标准因而破坏真理，并且为了夸耀自己国家的次等人物，而对其他国家伟大人物的看法有失公允时，那么还有什么比这更不应该的呢？

七

1

从我们理智的本质来看，概念应该是通过抽象作用而产生于知觉活动的，因此知觉应该先于概念。如果实际情形如此，那么就会很清楚什么知觉属于概念的知觉并为概念所代表。我们可以称之为“自然的教育”。

相反，在人为教育的情形下，通过听讲、教学和阅读，在与知觉世界还没有广泛接触之前，脑子里就塞满了概念。因此就会想当然地以为经验为我们提供符合这些概念的知觉。可是，这个时候，它们用得不对，因此，就对人物产生错误的判断、不正确的看法，以致做出不正确的处理。

于是教育就产生错误观念，这就是为什么我们在年轻时期虽然读得多学得多，却一直停留在半天真半迷糊状态，并且时而表现傲慢，时而又表现羞怯。我们脑子里充满了概念，现在想要应用这些概念却常常出错。

2

根据前面所说的来看，教育中的主要因素应该基于正当目的来认识世界，完成这个目的是一切教育的目标。可是我们说过，这要依靠先于概念的知觉，也要依靠先于广泛概念范围的较为狭小的概念，还要依靠概念彼此互为条件情况中产生的整个教导过程。

可是一旦在这一连串东西中忽略某一东西，就会产生不健全的概念。而这些不健全的概念，最后会使人对世界产生一种不正确的看法。几乎每个人脑子里都有自己的看法，有些人保持相当长的时间，大多数人永远保持着。只有当一个人年事已高，才会对许多单纯的事情有正确的认识，有时候这种认识是突然产生的。人在认识世界时似乎有一种看不见的瑕疵，这是由于早年教育中忽略这个问题所致，不管这个教育是人为的还是自然的。

3

由于早期犯的错误根深蒂固，更由于推理能力成熟得最晚，所以除非小孩子年满16岁，否则不应让他们接触任何可能产生大错的题目，即哲学、宗教和各种普遍观点。只应让他们接触那些不可能出错的学科，如数学，或没有严重错误的学科，如语言、自然科学、历史等。不过，一般说来，只应当让他们接触那种适于他们年龄并且可彻底理解的科目。

童年和青年时期是积累资料和彻底认识个别事物的时期：一般而言，推理和判断现在还未定型，暂时不让他们对事物做彻底的解释。因为推理必以成熟和经验为前提，同时要听其自然。在推理能力成熟以前，偏见的印象会产生永久的害处。

知识的成熟即每个人所能获得的知识的完整程度，在所有情形下抽象概念和知觉理解之间达到了确切的符合，每一概念都直接或间接地建立在知觉基础上。唯有这样，概念才具有真正的价值，并且每一知觉也可以归属于适当的概念之下。

成熟只是经验的结果，也只是时间的结果。因为我们通常都是分别获得知觉知识和抽象知识的，前者以自然方法获得，后者则通过或好或坏的报导以及从别人那里学来。所以在幼年时期，在我们仅从文字得来的概念与由知觉得来的实际知识之间，通常都没有符合之处。这两种东西彼此渐渐接近，也彼此相互补充和完善，但是，只有当它们完全融合在一起时，我们的知识才算成熟。

八

动物的声音只能表示意志的兴奋和激动。可是，人类的声音还可以表达知识。这与下述事实是相符的：动物的声音几乎总是给我们一种不愉快的印象，只有少数鸟的声音例外。

当人类语言开始进化时，最初的阶段当然是感叹词，感叹词不表达概念，像动物的声音一样，它只表达感情，只表达激动的意志。我们很快就可以看到它们之间的不同，而由于这种不同，就产生了从感叹词到名词、动词、人称代词等的转变。

人类的语言是最持久的。一旦诗人用适当的文字表达自己匆匆即逝的感觉，这些感觉就保存在那些文字里面数千年，而在感受力强烈的读者心里重新产生出来。

九

所谓外表反映内在，所谓面貌表达、显示一个人的全部本质，只是一个假设。这个假设的可靠性可以从人类的普遍期望中看出来，任何人都想了解一个崭露头角的人，无论是因他的善行还是恶行，也都迫切希望了解创造杰出作品的人。如果这个不可能达成，就要从别人那里知道他究竟是什么样子。同样，在日常生活中，每个人都观察自己所遇到的人的面孔，想从他的面貌中发现他的道德和心智本性。如果一个人的相貌不含任何意义，而肉体与灵魂的关系不比衣服与肉体的关系更深的话，这种情形就不会产生。

可是，实际情形与此相反。每个人的面孔都是一种可以描画的神秘符号，的确，打开这个神秘符号的钥匙就现成地在我们内心之中。我们甚至可以说，通常，一个人的面孔比他的嘴巴泄露了更多的个人信息，也比他的嘴巴表现出更多令人感兴趣的东西。因为人类嘴巴所泄露的只是一切东西的概要，只是这个人全部思想和希望的大概内容。嘴巴只表达一个人的思想，而面孔则表达自然的思想。因此，每个人都值得观察，即使他不值得交谈。

基于这一点，我们都认为，每个人都是看到的那个样子，这是一个正确的法则：困难的地方是如何应用。应用的能力一部分是天生的，一部分要从经验中获得。但是没有一个人达到完美的地步，即使训练有素的人也会在自己身上发现错误。然而，面孔不会说谎，我们可以看出面孔上不曾刻画出来的东西。可是，无论如何，描画人的面孔到底是一种艰难的艺术。它的原理原则，绝不能以抽象方式学到。描画人类面孔的第一个先决条件是必须完全客观地观察你所描画的人，这可不容易做到。

只要有一点点嫌恶或偏袒、恐惧或期望，想到自己对他有什么印象，总之，只要涉及主观的东西，这种神秘的符号就模糊而土崩瓦解了。只有当我们不了解一种语言时，才能听见它的声音，如若不然，语言所指的对象就立刻盖过我们对符号本身的意识。同样，也只有当我们看到陌生人时，才能看到他的面相。因此，严格地讲，只有当我们第一眼看到一张面孔时，才能对它产生纯粹客观的印象，从而可以描画它。

我们不要掩饰一个事实，即这种第一眼看过去总使人很不顺眼，除了漂亮好看的、和善的或富有智慧的面孔以外，即除了极少数的面孔以外，我认为每个新面孔总是使感受力比较锐敏的人产生一种恐怖的感觉，因为它以一种新奇的方式显现出不顺眼的东西。

通常这的确是一个遗憾的情景，甚至有些人的面孔上表现出那种粗鄙和性格卑劣以及野兽般心地狭窄的样子，这让我们不知道他们为什么带着这副面孔而不戴上用来遮掩的面具。的确，有些面孔只要一看到就让人觉得视域受污染了。这个事实的形而上解释将会认为每个人的个性就是那样，考虑到他的生存，应该把它去除。

另一方面，如果你对这种形而上的解释很满意，就应该自问，在那些终生除了拥有心胸狭窄、卑贱思想、自私、猥琐、有害欲望之外而几乎一无所有的人身上，我们想要发现哪一种面貌呢？他们每个人都把自己的面貌特征表现在自己的面孔上，一再地重复出现，因此，就深深地刻在了面孔上。

一〇

康德写过一篇论文，讨论“生命力量”。我却想写一首它们的挽歌和哀歌，因为它们发出巨响，肆意敲打，制造噪声，这是我终生的最大痛苦和折磨。我知道，有很多人讥笑这种事情，他们对噪声感觉迟钝。但是这些人对观念、诗和艺术品同样感觉迟钝，总之对种种理智的印象感觉迟钝，因为他们的大脑构造坚韧，大脑组织坚固。另一方面，我几乎在所有伟大作家如康德、歌德、利希滕贝格和让·保罗等人的传记或其他个人记载中，发现许多对干扰思想家的噪声的埋怨。的确，如果他们的作品中没有表达这种埋怨，那只是因为文章内容没有机会让他们埋怨。

我将这种情形解释如下：正如当一块大钻石被弄碎时，它的价值只等于这许多小钻石的总和，或如同我们将军队化为小单位时就没有用一样，当一颗伟大的心被干扰而分散时，就只是一颗平凡的心，因为伟大的心的优越之处就是把一切心力集中到某一点或某一对象，正如凹面镜集中所有光线一样。

这就是为什么杰出的人物往往会很讨厌各种干扰和让人分心的环境，特别是讨厌噪声所带来的强烈干扰，不过，其余的人都并不怎么因为噪声而感到厌烦。欧洲各国感受力最强和最富有智慧的人，甚至称这种所谓“切勿干扰”的规则为第十一诫（摩西十诫，叔本华把“切勿干扰”列为第十一诫，足见他对适宜思考的安静环境的苛刻要求）。无论如何，噪声是一切干扰中最粗野的干扰，它会干扰我们的思想，分裂我们的思想，而在没有东西能干扰人的地方，当然就不会引起特殊的困扰。

——

1

两个游历欧洲的中国人第一次进戏院。其中一个人一心想了解舞台装置，结果他达到目的了。另一个人，尽管对当地语言一窍不通，却想了解剧情的意思。前者像天文学家，后者则像哲学家。

2

没有无刺的玫瑰。却有很多没有玫瑰的刺。

3

狗的确是忠实的象征。在植物界中，“忠实”的代表则是枞树（就是冷杉，年寿长久）。因为只有枞树永远跟我们在一起，无论好的时光还是坏的时光，像所有其他树木、飞鸟、昆虫一样，太阳会离开我们，只有当天空重现蔚蓝色时，太阳才会重新普照大地。当太阳离开我们时，枞树也不会离开我们。

4

有一个母亲，为了孩子们的教育，便给他们一部《伊索寓言》。可是，他们却很快就把它交还给母亲，非常聪明早熟的大孩子说：“这不是适合我们读的书！它的内容太幼稚可笑。我们不相信狐狸、狼和乌鸦会说话，我们的年龄太大了，不能相信这种胡说八道。”

在这个有希望的少年身上，谁不能看出他将来会是一个开明的理性主义者呢？

5

有一次，我在一株橡树下采集标本，在许多同样大小的树木间发现一棵树叶萎缩而树身笔直稳固的黑色小树。当我想要接触它的时候，它以一种坚定的语气说：“不要碰我，我不是适合你制作标本簿的东西，我不像那些短命的草木，我的生命要以世纪为单位来计算，我是一棵小橡树。”

凡是要经过几百年之久才发现其影响力的人，都是这样立身于世，像小孩，更像少年，像那种年岁长久的生物，虽然也和其他的生物没什么两样，看上去好像无足轻重。但是，只要给他时间，只要有人知道如何认识他，他就不会默默无闻地死去。

注释：

1 罗伯特·胡克（1635—1703），英国物理学家。

2 拉瓦锡（1743—1794），法国化学家，近代化学之父

3 见《作为意志和表象的世界》第1卷第60页。

4 乌拉诺斯，提坦神之一，统治宇宙之神，象征“空间”。

5 克洛诺斯为乌拉诺斯之子，篡夺父位成为统治宇宙之神，后又被其子宙斯取而代之，克洛诺斯象征时间。

6 阿特拉斯为希腊神话中受罚用手和头顶住天的巨人。

7 普罗米修斯，替人类从天上窃来火种，因而受罚被缚于山岩上，其肝脏每日遭兀鹰啄食。他被绑在山岩上，这表明他的力量有限，兀鹰啄食他的内脏折磨其心灵即忧虑。

8 埃庇米修斯，潘多拉的丈夫。

9 潘多拉，当宙斯惩罚普罗米修斯时命其下凡，是人世间的第一个女人。潘多拉下凡时宙斯赐给她一只盒子，据说当潘多拉开启时，盒中所盛的一切灾害罪恶全部从里面跑出

来散布人间，只有希望还留在里面。

10 伊多曼尼斯，希腊传说中克里特王和特洛伊战争中希腊军队的重要领袖。

11 宙斯假扮阿克曼尼之夫拜访她并与她生下海克力斯。

12 见《圣经·约书亚记》第10章。

13 赛姬，厄洛斯（即丘比特）所爱的美女，被视为灵魂的化身。

14 卡蒙恩斯（约1524—1580）是葡萄牙诗人，声名远播葡萄牙以外的唯一诗人。

15 艾利基拉（810—887），爱尔兰神学家和哲学家。

16 勒里（1235—1316），西班牙教士及哲学家。

叔本华年谱

1788年

2月22日诞生于波兰的格但斯克。

1793年

普鲁士军队占领格但斯克（改称为但泽），叔本华一家举家迁往汉堡。

1797年

叔本华的父母旅行途经巴黎，让叔本华寄居于友人古列佛埃尔家中。其妹阿德莱诞生。

1799年

返回，接受正规学校教育，奠定法语语言文学的基础。

1802年

确立研究哲学的志向。

1803年

与其父约定，放弃学术研习，参加他父母的长期的长途旅行。此次旅行，从当年春天开始，历时近两年，足迹遍历比、法、瑞士、英等国。旅行期间曾滞留英国教会学校三个月。

1804年

秋天，旅行结束，回到但泽，接受基督教的坚信礼。

1805年

春季，投身商界。父亲过世。

1806年

母亲迁居魏玛。

1807年

经母亲同意，放弃商业生涯。7月赴科塔，延聘费尔士指导一般功课，并聘请私人教师补习希腊文、拉丁文，兼习德语，研究文学。秋季，因写诗嘲笑某教授，被迫离开科塔，回到魏玛。此后，专心埋首书本，研究希腊拉丁数学、历史等，历时两年。

1809年

9月进格丁根大学医学院。第一年学习医学、历史、物理、植物学，第二年转入哲学院专研柏拉图、康德及亚里士多德、斯宾诺莎，并旁听天文学、生理学、法学等。

1811年

夏末转至柏林大学，除哲学外，还研究自然科学。

1813年

完成博士论文《论充足理由律的四种根源》，荣获耶拿大学哲学博士学位。11月，回魏玛与歌德订交，受歌德宠信，邀为座上客，并受重托研究色彩学的理论。

1814年

夏季，离开魏玛。赴德累斯顿，结识浪漫诗人梯克。确立哲学系统。

1816年

出版《论视觉与颜色》。

1818年

春季，出版《作为意志和表象的世界》。9月赴意大利旅行，目的是搜集哲学资料，共花费时间两年。

1819年

主要著作寄赠歌德。歌德致信其妹，大赞叔本华的天才和文章的风格。

1820年

3月赴柏林任教。

1821年

8月，与女房客发生诉讼案。

1822年

5月离开柏林，重游意大利。

1823年

因病，右耳失聪。

1824年

回德累斯顿。准备翻译休谟作品，未果，只写了一篇序言。

1825年

重回柏林，为诉讼案奔走。

1826年

5月，法院判定叔本华须供养女房客一生。

1826年

7月，重回柏林大学讲课，再度失败。闭门读书，翻译西班牙作家格瑞显的著作。

1831年

霍乱袭击柏林，叔本华逃离柏林。

1832年

定居法兰克福。

1836年

用科学的研究结果推证他的核心理论，写成《论处于自然界中的意志》一书。

1839年

参加挪威皇家学会征文比赛入选，题目为：《意志自由与哲学中的必然性理论》。

1840年

报名丹麦皇家学会《道德责任的根据》论文比赛，落选。

1841年

收集两篇比赛论文，出版《伦理学的两个基本问题》。

1843年

增补“主著”，完成《作为意志和表象的世界》全部哲学系统，致信书局老板出版，初被拒，再以“性爱的形而上学”的名义，卒获允。

1844年

《作为意志和表象的世界》增订版发行。

1846年

与佛劳因斯特订交，彼此或面谈或通信，交往频仍。

1850年

完成《论文集》，致信佛劳因斯特，要求设法找寻出版商。

1851年

出版《论文集》。

1854年

瓦格纳题献给叔本华一部歌剧《尼伯龙根的指环》，并称赞他的音乐哲学。

1855年

声誉大著，在法兰克福举办“叔本华油画像展览会”。

1856年

身体仍健壮，但左耳听力渐差。

1860年

9月21日猝然逝世。